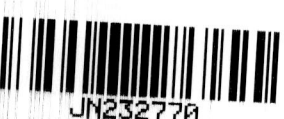

授業スキル

小学校編

学級集団に応じる授業の構成と展開

河村茂雄・藤村一夫 編集

図書文化

まえがき

学級が荒れてくると，途端に授業の展開に支障をきたすようになる。逆に，子どもたちが生き生きと授業に参加できているとき，学級集団は活気に満ち，建設的にまとまっているものである。それは，授業は学級経営における中心領域だからである。

つまり，教師は授業を展開しながら，同時に，学級づくりもしているのである。

一つの授業のよしあしは，学級経営の状況が反映されている。したがって，どんなにいい授業案があったとしても，それを授業案どおりに，いやそれ以上に展開させることができる学級もあれば，その授業案では授業を進められない学級もあるわけである。

本書は，授業を展開しながら同時に学級づくりができるような，授業スキルを提案するものである。それは，学級集団の状態の現在地を把握し，その状態でできる最善の授業展開，そしてもう一歩，学級集団の状態を向上させることができるような授業展開の仕方を，そのとき教師が行うと有効な言葉がけ，指示などの授業スキルを，授業展開の文脈の中で提示することによって，解説するものである。

授業が思うように展開できない，学級経営がうまくいかない，それは自分の指導力のなさなのだ，と結論づけても何も変わらない。自分が行っている対応が学級集団の状態にマッチしているのか，授業展開の中で適切な授業スキルを選択し，授業展開の文脈の中で適切に活用しているのか，その点検をし，マッチングの悪い点を修正して対応する一歩を踏み出すことが大切である。そうすれば，授業は確実に良好に展開し，それが学級づくりにもつながっていくのである。

本書が，多くの先生方の参考になれば幸いである。

2004年１月　　河村茂雄

Contents

引用文献一覧

・河村茂雄『たのしい学校生活を送るためのアンケート「Q―U」実施・解釈ハンドブック(小学校編，中・高等学校編)』1998　図書文化

・河村茂雄『学級崩壊に学ぶ―崩壊のメカニズムを絶つ教師の知識と技術―』1999　誠信書房

・河村茂雄『学級崩壊　予防・回復マニュアル』2000　図書文化

・河村茂雄『教師のためのソーシャル・スキル』2002　誠信書房

・河村茂雄他(編)『学級経営スーパーバイズ・ガイド　小学校編・中学校編・高校編』2004　図書文化

・河村茂雄『崩壊しない学級経営をめざして　教師・学級集団のタイプでみる学級経営』1998　学事出版

・河村茂雄『グループ体験による　タイプ別　学級育成プログラム　小学校編・中学校編』2001　図書文化

・國分康孝(監)　河村茂雄・品田笑子・朝日朋子(編)『エンカウンターで学級が変わる　パート３』1999　図書文化

・河村茂雄(編)『ワークシートによる教室復帰エクササイズ』2002　図書文化

・河村茂雄『教師力―教師として今を生きるヒント　上・下』2003　誠信書房

・國分康孝・國分久子(監)　河村茂雄・藤村一夫・大友秀人(編)『育てるカウンセリングによる教室課題対応全書２　学級クライシス』2003　図書文化

第1章

よい授業を生み出す授業スキル

豊富なスキルを絶妙のタイミングで

第1節
授業スキルとは

授業の風景

学校で行われている授業の様子は，それこそ学級ごとに千差万別であろう。その違いを大別すると，次のようなパターンがみられる。

- 教師の授業設定のもと，子どもたちは主体的に自らの問題に取り組んでいる
- 冗談が飛び交い，楽しく盛り上がっているが，子ども自身の学びは深まっていない
- 静かに一斉授業は展開しているが，子どもたちはまるっきりの受け身で，自らの学びがみられない
- 教師が一方的に板書しながら説明しているが，子どもたちは授業に向き合っていない
- 騒々しい中で，教師が叱責し，声を張り上げてかろうじて授業の体をなしている
- 学級が荒れていて，一斉授業がまったく成立していない

このような差が出るのは何が原因なのであろうか。

授業の差はやはり教師の指導力の問題である，と簡単に切り捨てられては，教師は身もふたもない。

いつも同じにはいかない

たまたま学級集団に個別配慮を要するむずかしい子どもたちが複数いて，思ったとおりに授業が展開できない場合もある。また，教科の特性と子どもたちの関心の度合いをつかみかね，いまひとつ盛り上がりに欠けてしまう場合もある。なかには，以前使用した同じ教材を目の前の子どもたちにまったく同じようにやってうまくいかなかった，という場合もあるだろう。それらをすべて一緒くたにして，指導力不足とされてしまっては，教師自身の教育実践に向かう意欲が低下してしまう。

本章は，授業が成立するための要素や構造について解説する。そうすれば，教師がどの段階で，何を，どのようにやればよいのかの目安になるからである。目の前の子どもたちの実態，学習環境，時間の配分などの条件の中で，いまよりもよい授業を展開するにはまず何をすればよいのか，そのヒントになると思う。

むずかしい子どもがいる，保護者が学校に協力的ではない，などといくら愚痴をこぼしても実態が変わらないとしたら，いまある条件の中で，教師は最善をつくすしかない。しかし，熱意一本やりでは，やがて教師自身が燃えつきてしまう。

やはり，冷静な状況判断のうえで，より適切な対応を選択し，実行していく技術，すなわちスキルが求められる。

状態や流れに応じる

教師の指導力は，「特定の行動を一定以上すれば高い」というように，単純に物理的に測定できるものではない。いろいろな子どもや環境の要因が複雑に絡み合ったなかで，授業場面，学級活動の場面のキーとなる流れをとらえて「みんなの前でほめる」「最後まで取り組んだ子どもの肩をポンとたたいて，さりげなくほめる」というように，タイミングがより重要なのである。そのためには，対応するためのスキルを豊富に用意する，絶好のタイミングを知る方法をもつ，ということが最低限必要になるのである。

つまり教師の指導力は文脈の中で発揮されるものであり，その文脈を読み取れなければ，どんな力も通用しないのである。そこで本書では，文脈を読み取る指針として，学級集団の状態を取り上げた。学校現場の仕事がますます増え，子どもたちへの対応もむずかしさが増していく中で，この点は特に重要である。

なお，本書で技術をスキルと呼ぶのは，この言葉遣いの中には，心理学やカウンセリングの考え方の比重が重い，という筆者らの思いがあるからである。

また，個々の授業スキルについては，これまで教師の間で，定着してよく使われてきたもの，蓄積されてきた知見がベースになっている。それをカウンセリング心理学の視点で，スキルとしてとらえ直したものである。

以上の点を踏まえ，１章の最後では，本書の活用方法について述べたいと思う。

第2節
よい授業の秘訣

授業の３つの要素

子どもたちが自らの問いから主体的に学習に向かい，かつ，学級の友人たちと知的刺激を与え合いながら展開している授業を細かくみると，次のような要素と構造を押さえ，そのうえで教師が適切な対応をしていることがわかる。

［ 授業成立の３つの要素と構造 ］

❶ 教科教育スキル（教科の特性を生かす，教材の工夫など）

↑↓

❷ 授業の「構成スキル」×「展開スキル」

↑↓

❸ 学級集団の状態
（子どもたち個々の特性×子ども同士の関係性×発達段階）

この３つは相互に影響を与え合っている。一つの要素の不調はストレートにほかの要素に影響を与えるのである。

例えば，学級が荒れていれば（❸の段階），どんなにいい教材を用意しても（❶の段階），なかなか授業が盛り上がらないのは説明するまでもない。また，軽妙な話術（❷の段階）で子どもたちをのせたとしても，授業の内容自体（❶の段階）が伴わなければ，子どもたちはしだいに飽きてしまうというぐあいである。

また，逆もしかりである。学級が少し荒れていても（❸の段階），子どもたちが夢中になる教材を用意し（❶の段階），授業にゲーム性を取り入れるなどの工夫をしたり，子どもたちの私語に叱責だけではない適切な対応をしたりすることで（❷の段階），学級集団の状態も徐々に良好になってくる（❸の段階）。

結局，この3つの要素について，トータルでバランスよく，高いレベルで教師が対応できると，子どもたちにとって学びの多い授業となる。それとともに，学級集団の状態も親和的でまとまりのある状態になってくる。

よりよい授業を行うためのスキル

つまり，教師がよりよい授業を成立させるための技術，すなわち授業スキルには，広義には前記の❶❷❸すべてが含まれる。それらをトータルでバランスよく，高いレベルで達成するための技術が授業スキルである。

どれか一つに長けているだけでは，最低1年間は継続する学級や子どもたちとの関係の中で，よい授業を展開することはむずかしい。よい授業を展開するための最も基本的な取組み方は，❸の段階をしっかり把握し，❶の段階を教師が事前に十分吟味し（教材を用意するなど），そのうえで❷の段階の工夫を凝らす，ということだろう。

なお，スキルといった場合，具体的な行動レベルのものを指すのが普通であるが，本章ではそれらのまとまり（スキル群）をスキルとして説明する。同じまとまりにあるスキルの共通点・公約数のようなものである。そして，第3章以下で，具体的な行動レベルを明示する。それらの具体的なスキルは，すべての場面に有効なのではなく，学級集団の状態，授業の展開の文脈に応じて使われることで，生きてくるものだからである。

子どもたちにとってよい授業とは

次に，子どもたちにとってよい授業を考えてみると，学ぶ楽しさ・喜びがある授業といえるだろう。子どもたちが感じる学びの楽しさ・喜びには，3つの種類がある。

＊学ぶ内容が知的で面白い……その教科の背景にある学問そのものの面白さである。
＊学ぶ活動自体が面白い……学び方や学ぶ形態の面白さである。ゲーム感覚で取り組む，友人と競争したり，協同することが楽しい，パソコンを使うことが楽しい，などである。
＊学びから得られるものがうれしい……学んだ結果その科目の成績が上がることがうれしい，自分なりの目標を達成できたことに充実感を感じる，などである。

以上の点を踏まえながら，具体的に3つの要素を次節以降で説明する。

第3節
教科教育スキル

授業成立の一つの要素

授業を成り立たせる3つの要素のうちの一つは，「教科教育スキル」である。

教科教育スキルとは，「学ぶ内容が知的で面白い」につながるもので，主なものとして次の技術がある。

●教科の特性を押さえた教材作成のスキル

学ぶ内容の知的面白さに子どもたちを引き込むような教材づくりのスキルである。

●教科の特性を生かし子どもたちの学びを深化させる授業の展開スキル

学ぶ内容の知的面白さに子どもたちを引き込むような，多くの資料を用意するなどの学習環境の設定，面白さに気づかせるような発問の仕方，思考を整理する板書の仕方，思考を深化させる展開などである。

授業研究の中心

教科教育スキルは教科の背景となる学問領域ごとに，かなり細分化されている。大学の教員養成系の学部でも，教科ごとに学科があり，その下にさらに領域ごとに研究室がある。例えば，社会学科の日本史（近代史）研究室，というぐあいである。

したがって，上記のスキルも，教科ごとにそれぞれ有効なポイントが異なる。

解説はしていないが，本書も教科教育の膨大なポイントや研究の成果を踏まえている。そしてこれらをタイミングよく使えるか，上手にアレンジできるか，を支えるのが次節以下のスキルである。

両者を融合させた実例は，本書3～5章に紹介する。

Column

家庭環境への対応

藤村　一夫

何度言っても授業道具の準備ができない。いっこうに家庭学習の成果が見られない。週末に十分な食事がとれず月曜の午前中にぐったりと元気がない。ゲームづけのせいで目がうつろで落ち着きがない。これら家庭生活の影響は，授業の工夫だけではなく，個別の対応が必要である。

A 男は毎日のように忘れ物をした。家庭に報告してもいっこうに改善の兆しがみえない。A 男の話を聞くと，両親の帰りが遅い寂しさを紛らわすためにゲームに没頭していること，遅くまで起きているから朝起きられず，道具もそろえられないことなどがわかった。

担任は学級の子どもたちに何気なく「みなさんは忘れ物をしないようにどんな工夫をしていますか」と尋ね，紙に書かせた。その後，A 男と 2 人で相談し，「これならやれそうだ」というものを選ばせたのである。そして毎日「忘れ物をいくつしたか」ではなく，「忘れ物をしないために家庭生活をどう改善したか」を A 男と確認した。

一人で両親を待つ寂しさをわかってあげながら，幼い子どもが一人で改善できることを確認した。家庭にはしばらくたってから，A 男が改善しようと努力していることを伝えた。

この事例を整理してみると，「①どんな問題点があるか，面接によって明らかにし，子ども本人に自覚させる。②問題の要因を家庭での子どもの過ごし方から本人に探らせる。③解決の方法を提示し，子どもに選択させる。④何がよくなったかを子どもと確認し，意欲化を図る。⑤指導の経緯と成果を保護者に伝える」ということになろう。子どものよい変容の事実を家庭に示すことによって，学校への理解を深めた例であるといえよう。

A 男の事例のほかにも過保護・放任・虐待等，家庭における問題は山積している。そして一人一人が異なる家庭環境で学習した立ち居振る舞いは，子どもの常識であるだけでなく家庭の常識なのである。暴力的な子どもを，家庭では暴力でしつけようとすることが考えられる。わがままな子をしつけるのに，家庭では子どもの勝手な要求を許してそれと引きかえに直すことを約束させるかもしれない。教師にとって根気のいる対応ではあるが，目の前の子どものよい変容を家庭に伝え，子どもとともに家庭の意識の変容を期待するのが，結局は近道であろう。

第4節
授業の構成スキル

授業を成り立たせる二番目の要素は，「授業の構成スキル」と「授業の展開スキル」である。これらは，子どもたちの「学ぶ活動自体が面白い」「学びから得られるものがうれしい」につながるものであり，その結果として「学ぶ内容が知的で面白い」を支えるものである。まず構成スキルについて説明し，次節で展開スキルについて説明する。

構成スキルとは

「構成スキル」とは，授業成立の３つの要素のうち❸学級集団の状態（子どもたち個々の特性×子ども同士の関係性×発達段階）と，❶教科教育スキル（教科の特性を生かす，教材の工夫など）をふまえたうえで，授業場面の大枠を設定するスキルである。心理学の知見が積極的に活用されている。

設定する条件として次の５つがある。

構成スキル❶／リーダーシップの発揮レベル

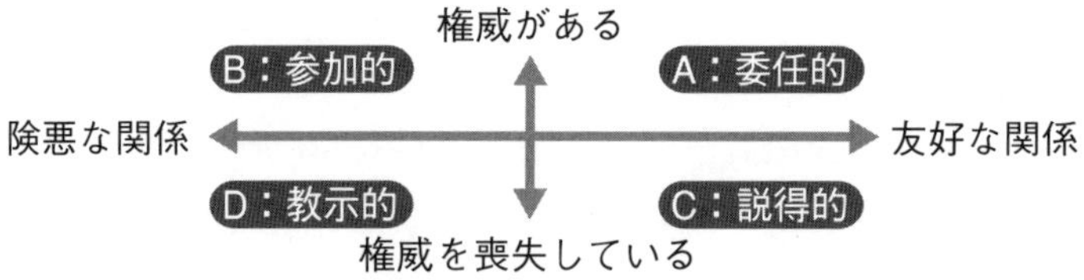

教師と子どもたちとの関係性を冷静に把握して，教師は，状態に応じたリーダーシップの発揮を行う。発揮のレベルは次ページのとおり。

構成スキル❷／学習評価の目安

何を，どの程度まで，どのように，学習することができればよしとするか。

・何を　――知識・技術の内容，考えようとしたプロセス，など

・どの程度まで　――知識・技術の習得した量・レベル，試行錯誤できた量・レベル，など

・どのように　――自ら考えようとしたか，友人と協同できたか，設定されたルールの中でできたか，など

構成スキル③ 授業場面のデザイン

グループ学習のメンバーの組み合わせ方はどうするか，グループの人数はどうするか。

・一斉授業←→個別学習　――この比重をどのようにするか

構成スキル④ 授業進行のデザイン

教師が何をどこまで主導するか，子どもたちが自由に考えたり活動したりする範囲をどこまで設定するのか。

・教師主導←→子ども主導　――この比重をどのようにするか

構成スキル⑤ 時間・インターバルの設定

興味の喚起に必要な時間，練習問題に取り組ませる時間，気分をほぐす時間，などの設定をどうするか。

・導入～展開～まとめ　――これらの設定，配分をどうするか

●リーダーシップの発揮レベル

A：委任的リーダーシップ

活動させる前に自分たちでルールを確認させてから取り組ませ，望ましくない行動は教師が最後に注意する。また，より承認欲求を満たすように親和的・受容的に対応し，最後に望ましい行動をほめるなどの強化を全体にする。

B：参加的リーダーシップ

活動させる前に最低限のルールを確認してから取り組ませ，望ましくない行動は簡潔にその行動を注意する。また，より承認欲求を満たすように親和的・受容的に対応し，望ましい行動には積極的にほめるなどの強化を全体にする。

C：説得的リーダーシップ

活動させる前にルールと望ましい行動のあり方を具体的に説明してから取り組ませ，望ましくない行動にはしからずにその是非を説明し，望ましい行動をとるよう説得する。また，不適応にならないように親和的・受容的に個別に対応し，望ましい行動には積極的にほめるなどの強化をする。

D：教示的リーダーシップ

活動させる前に人とのかかわり方と学級集団のルールを具体的に一つずつ教え，やり方・行動の仕方も教師がモデルを示してから取り組ませる。望ましくない行動には，しからずにやり方を最初から個別に教える。また，不適応にならないように親和的・受容的に個別に対応する。

第5節
授業の展開スキル

展開スキルとは

「展開スキル」とは，授業成立の３つの要素のうちの二番目で，❸学級集団の状態（子どもたち個々の特性×子ども同士の関係性×発達段階）と，❶教科教育スキル（教科の特性を生かす，教材の工夫など）をふまえて，授業の具体的な展開を進める教師の対応の技術である。

展開スキルには，次のような大きな２つの柱がある。

「教師の能動的スキル」

「子どもへの対応スキル」

これらには，カウンセリングの知見や技術が積極的に活用されている。２つは常に関連させながら行使されるものである。また当然，❶教科教育スキルの「教科の特性を生かし，子どもたちの学びを深化させる授業の展開スキル」とも関連しながら，活用されるものである。

教師の能動的スキル

展開スキルのうちの「教師の能動的スキル」とは，教師が授業を展開させるために発揮するリーダーシップともいえる具体的な対応である。教師の指導の中にカウンセリングをどう生かすかという側面である。その骨子は，子どもたちに抵抗を与えずに，教師が指導したいことを，子どもたちが自らやりたいという気持ちにさせられるか，ということである。

代表的なスキルとして次の５つがある。

展開スキル－能動的❶　発問

子どもたちが学習に向き合うきっかけとなる，教師からの問いかけである。子どもたちがどこに興味をもつか，疑問を感じるかを見抜き，それを問いかけるのがポイントである。つまり，子どもの言語化できていない問いを促すように，教師が発することができるのが理想である。

展開スキル一能動的❷／指示

授業で子どもたちが活動する内容，活動の仕方を示し行動を促すことである。ノートをとる・自分なりにまとめる，練習問題に取り組む，作業をする，などに子どもたちを向かわせるものである。子どもたちが自ら課題をもち，自ら考え，自ら取り組めることが理想である。

展開スキル一能動的❸／説明

学習する内容，意義，方法を，子どもたちが理解できるように解説することである。パソコンなどのツールを積極的に活用して，子どもたちが興味・関心をもてるように展開できることが理想である。

展開スキル一能動的❹／提示

子どもの思考を整理する，意欲を喚起する，活動する見通しがもてる，このような板書をしたり，プリントを配布したりして，具体的な教材を示すことである。やはり，子どもたちが興味・関心をもてるようにすることが理想である。

展開スキル一能動的❺／活動の促進

特定の子どもを指名して代表的な問いに回答させることで，子どもたちの学習意欲を喚起したり，学習の深まりを促進する。机間指導により，個別的な言葉がけや学習活動の援助をする。隣の席同士の者で相互に練習問題の丸つけをするなど，いままでの取組みを評価する場を設定し，子どもたちの学習意欲を持続させる。このように，子どもたちの学習意欲・活動を向上させる行動である。

この中には，学級内のルール（子どもが発言する際に前の席に座っている子どもはまず後ろを向く，賛成する発言には拍手するなど）・ルーティン化された行動（次の展開に入るときに，「いいですか」と問い，いっせいに「いいです」と言わせるなど）を定着させる，という教師の取組みも入る。

子どもへの対応スキル

展開スキルのうちの「子どもへの対応スキル」とは，授業中の子どもたちの行動や態度に対する教師の対応で，カウンセリングの知見と技術が生きる対応である。骨子は，子どもたちのやる気の低下，逸脱行動を防ぎ，どう学習に向かわせていくのか，学習集団としての雰囲気をどう高めていくのかである。強く叱責するという従来の手段は，現代の子どもたちには通用しなくなってきた。そのような現在において，子どもへの対応スキルはとても重要である。

代表的なスキルとして次の5つがある。

展開スキル－対応❶／発言の取り上げ

「A 君が言いたいことは，――ということだね」というぐあいに，子どもがみんなの前で発言した内容を，他の子どもたちにわかりやすく要点を整理して復唱してあげる（繰り返し）。「B 君が言いたいことは，――ということかな」というぐあいに，口ごもった発言を，教師が解釈して他の子どもたちにもわかるように伝えてあげる（明確化）。また，「C さんたちのグループで，――ということが話し合われていたようだけど，みんなに紹介してくれないかな，みんなはどう思う」というぐあいに，一部のいい考えや意見を全員で共有できるように取り上げる。

このように，一人の意見や考えを，全員の学習の意欲喚起や深まりにつながるように取り上げることである。これは同時に，全体の中で個人の存在を認める行動でもある。発言した子どもが，自分の発言した行為が受け入れられたと思えることが大事である。

展開スキル－対応❷／賞賛

子どもの前向きな活動，主体的な取組み，協調的な態度や振る舞い，地道な活動など，今後もそのような行動や態度を持続させたい，促進させたいときに，「いい考えだね」「すばらしいね」と，言葉にして積極的にほめる，微笑みながらうなずいて知らせるなどのことである。また，活動意欲が低下してきた子どもに，「ここまでできたんだね，いいよ，あともう少しだよ」というぐあいに，励ましてあげることも含まれる。

子どもがいまやっている行動を維持するように，促進するように教師が介入するわけだから，全体の前でほめるのが有効か，個別に肩を軽くたたきながらほめるのが有効か，という文脈上の判断が大事である。

展開スキル一対応❸ 注意

賞賛とは逆に，いまやっている子どもの行動や態度を消去し，教師が期待する行動や態度に向かわせるように，言葉にして伝える，まなざしや表情で知らせる，ことである。

例えば，学習内容とは違ういたずら書きをしている，手遊びをしているというような逸脱行動，やりたくないという気持ちを露骨に出した反抗的な態度，寝るなどの行為，周りの子どもにも迷惑な私語，などから行動を変えさせることである。

展開スキル一対応❹ 集団の雰囲気づくり

子どもたちがほかの子どもの様子を意識して，気持ちが学習に向かわないという状況に対して，子どもたちの緊張を緩和したり，意欲を喚起したり，維持したりする言葉がけをする。教師が率先して明るく楽しそうな雰囲気で語りかける，興味をもっている姿勢を示すなどが，集団の雰囲気づくりである。同じ学習に向かうにしても，教師の言葉がけや雰囲気一つで，学習集団の雰囲気は違ってくるものである。

展開スキル一対応❺ 自己開示

授業は子どもたちの知識・技能の学習の場であるとともに，子ども同士，教師と子どもたちとの人間関係の場でもある。したがって，その人間関係の良否が子どもたちの学習にも大きな影響を与える。

教師は子どもたちに指示を与え，学習に向かうように動機づける役割をもつが，同時に，同じ学習の場に臨んでいるのである。子どもたちがどうも教師に対してよそよそしいという状況に対しては，教師役割をいったんはずして，学習内容，背景となる問題，子どもとの関係などについて，一人の人間としての自分の思い，考え，経験などを率直に子どもたちに語ることが大切である。これを自己開示という。教師の自己開示は，子どもとの人間関係を深めるきっかけや，子どもの行動や考え方のモデルともなるのである。したがって，失敗した子どもが気まずい状態になっているようなとき，教師は自分の失敗談を率直に語るほうが，変ななぐさめよりも効果的になるのである。

「注意」に欠かせないひと工夫

1970年代までなら，教師の厳しい叱責一つで，授業中にふさわしくない行動をストップさせ，形だけでも教師が期待する行動や態度をさせることができたと思う（その子ども自身の学びとなっているかは別として)。少なくとも，一部の子どもたちの行動がほかの子どもたちの学習の妨げになることだけは，防げたことが多かった。しかし，現在はそれがむずかしいのである。注意した結果，逆に，そのような逸脱行動を促進してしまったという場合も少なくない。これは注意が悪いというよりも，注意の仕方に工夫が必要だということである。

まず前提として，子どもに注意する場面は，少ないに越したことはない。そのためには，事前に授業の「構成スキル」「教師の能動的スキル」を十分に吟味することが求められる。

リズムとテンポのよい授業，興味や関心のある内容の授業は，逸脱行動をしがちな子どもも，ちょっかいを出す余地がきわめて少ないので注意する必要がない。

教師の指示に対して，失敗を恐れる防衛反応から子どもたちは平気で「やるのは嫌」と言うことがある。しかし，子どもたちに適した学習活動を計画して展開すれば，子どもたちは嫌と言いながらもしだいにその活動に熱中していくものである。

また，「わかった人いますか」などという，何を答えてよいのかわからない発問や，子どもが次に何をしてよいかわからない指示を出していたりすると，子どもはつまらなくなって逸脱行動をする場合が多いので，発問や指示の工夫で注意を減らすことができる。

そのうえでなお，逸脱行動などがみられる場合は，教師は注意をすることが必要である。

注意というと，子どもの行動や態度をとがめるというイメージが強い。しかし重要なのは，注意した結果として，いまやっている子どもの行動や態度がなくなり，学習に向かわせるようにできたかどうかということである。叱責することで教師の気分は晴れ，子どもは私語はやめたが，ふてくされて学習には取り組まなかった，では意味がない。

本書では，子どもに現在とっている行動や態度の非に気づかせ，自ら行動や態度を変容させようという意識を促し，その結果，変容させた行動や態度を定着させる，という一連の行為全体を注意と考えている。したがって，叱責や叱咤だけが注意ではなく，私語をしている子どもに「どこかわからないかい」と質問して関心をひいたり，「いまやるべきことは何かな」と確認することも注意になるのである。

問題となる行動や態度は指摘するが，子どもの存在や人間性は否定しない，というのが大原則である。「私語をしているのはまた君か。君はやる気のない子だね」という注意の仕方は悪い見本である。また，全体の前で注意するのか，個別に注意するのかについても，授業の文脈や，その子どもの特性や学級集団の状態によっては，効果がかなり異なるので，工夫が必要である。

第6節 学級集団の状態

授業の前提

学級集団の状態は，授業を展開する学習環境の中心となるものである。どんなによい指導案があっても，学級集団の状態が悪化していてはよい授業は成立しない。したがって，良好な学級集団の状態を維持することは，よい授業成立の前提条件なのである。

しかし，教師はどんなに学級集団の状態が悪化していようとも，授業をしないわけにはいかない。結局，現在の学級集団の状態の中で，最善を尽くすしかないのである。最善を尽くすには，学級集団の状態を冷静に，ある程度客観的に把握する必要がある。

学級集団の状態の分析には，筆者（河村茂雄）が開発した「Q－U」という診断尺度を用いると，かなり高い信頼性のもと，学級集団の状態が把握できる。だが，本書は学級集団の状態の分析を解説する書ではないので，その中で得られた知見から，代表的な学級集団の状態を目安として解説する。

ルールとリレーションの観点で

学級集団の状態は，２つの視点で把握することができる。ひとつは，学級という集団の中に子どもたちが共に活動するためのルールがどれくらい定着しているか，もうひとつは，子どもたち同士の間にどれくらい親和的で協力的な人間関係が成立しているか（リレーション）である。

また，特別に配慮を要する子どもたちの存在に注目することは大事であるが，それ以上に，その子どもたちがどのような形で学級に位置づいているのかが，より重要である。さらに，子どもたちの発達段階に伴う特徴も子ども同士の関係に大きく影響を与える。これは学級集団の状態として内在化されている。

したがって，学級集団の状態を，ルールとリレーションがどの程度確立しているのかという視点で，まず大まかに把握し，そのうえで個別の要因を検討することが求められる。

タイプで見る学級状態

ルールとリレーションの確立のレベルから，学級集団の状態をタイプ別に説明する。

［ ルールとリレーションでわかる学級集団のタイプ ］

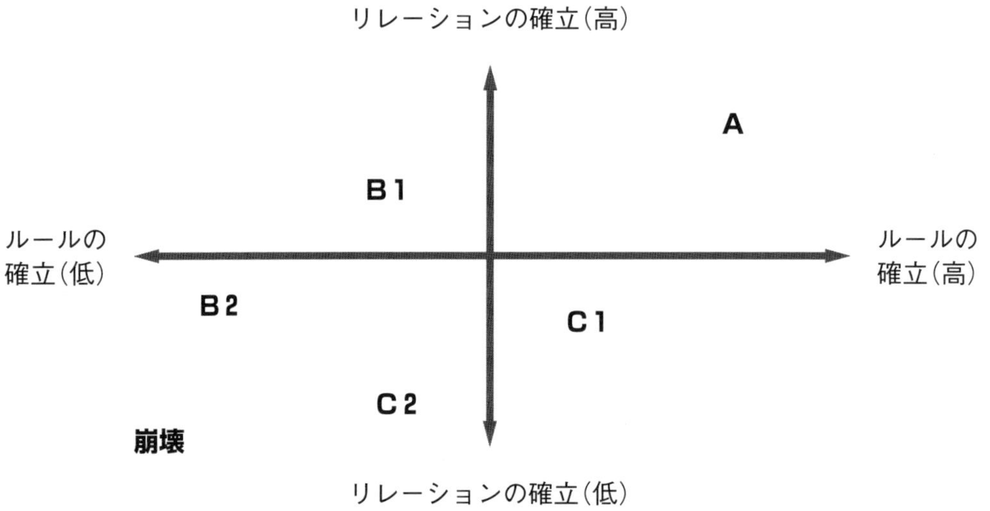

Aタイプ ルールとリレーションが学級集団内に同時に確立している状態

授業では子どもたちがみんなで取り組むための暗黙のルールも定着しているため，教師が細かい指示を出さなくても，子どもたちが能動的に活動できるようになっている。教師がいないときでも，子どもたちだけで，ある程度活動できるのである。

また，親和的な人間関係があるので，子どもたちの発言も積極的で，グループ活動も大きな集団でも仲よく展開できるのである。

学級全体に活気があり，学級内に笑いが多い学級集団である。

B1タイプ ルールの確立がやや低い学級集団の状態

授業では，私語や盛り上がりに欠けることがたびたびみられ，子どもたちの取組みにも温度差が目立つようになっている。子どもたちは仲のよい者同士は協力できるが，そうでないと協同活動するまでにかなりの時間がかかり，かつ，活動量も深まりもいまひとつという場合が多くなっている。学級内の係活動は停滞がみえ始め，学級内には小集団ができ，全体的なまとまりに欠け，騒がしさもみられる状態である。

B２タイプ　ルールの確立がかなり低く，リレーションの確立の低下もみられる状態

授業では，私語がかなりひどく，逸脱行動もときどきみられ，教師の注意も素直に聞かない子どもたちが少なくない。授業の進度も遅れがちで，落ち着いて学習に取り組めない。

学級内は小集団がいくつもみられ，グループ同士の対立もたびたびであり，そのため学級全体で活動ができないことがけっこうある。取組みもかなり低調になってしまっている。教室内は乱雑さがみられ，係活動もいい加減になり，かなり騒々しい状態である。

C１タイプ　リレーションの確立がやや低い学級集団の状態

授業は静かに行われているが，子どもたちの積極的な発言も少なく，形は学習に向かっているようだが，子どもたちの中での学習の深まりはいまひとつの状態である。子どもたちは教師の評価を気にする傾向があり，子ども同士の関係にも距離がある。おしなべて静かで元気のない，明るさのない学級集団の状態であり，学級活動も低調気味な状態である。

C２タイプ　リレーションの確立がかなり低く，ルールの確立の低下もみられる状態

授業では，発言を笑ったり，冷やかしたりする雰囲気が強く，学習内容に向かうことよりもほかの子どもの目を気にしたり，体裁を繕うことに力を注ぎがちな状態である。その結果，学習は深まりにくく，私語や逸脱行動もたびたびみられる。

子どもたちは小集団で強く固まっており，ほかのグループの子どもに対する，陰口や中傷が多く，学級全体の活動や係活動にも支障が出ている。

子ども同士の関係はギスギスし，学級は陰湿な雰囲気が強い状態である。

崩壊　ルールの確立とリレーションの確立がともにかなり低い状態

授業は，私語と逸脱行動が横行し，教師の指示のもとで学習に向かおうとしている子どもは少数派になっている。授業環境は騒然となっており，教師の指示に露骨に反抗する子どももみられる状態である。

子どもたちは不安を軽減するために，小集団を形成して同調的に結束したり，ほかの子どもを攻撃することで自分を守ろうとしたりで，人間関係はバラバラである。ほとんどの子どもが不安を抱えているが，そのことを取り繕う行動や態度をみせ，裏面交流が横行している。

学級は騒然としており，学習集団として成立していないばかりか，生活集団としても成り立っていない状態である。

Column
学級集団を理解する方法 Q−U

武蔵　由佳

学級集団を理解する方法として『たのしい学校生活を送るためのアンケートQ−U』(河村茂雄著，図書文化）がある。Q−Uは，「いごこちのよいクラスにするためのアンケート：学級満足度尺度」と「やる気のあるクラスをつくるためのアンケート：学校生活意欲尺度」の2つの質問紙と自由記述のアンケートから構成されている。学級満足度尺度は，子どもが学級・学校生活にどのくらい満足しているのかを測る尺度である。学校生活意欲尺度は「友人との関係」「学級との関係」「学習意欲」など，学級・学校生活のどの場面に意欲をもって生活しているかを測る尺度である。小学生用，中学生用，高校生用がある。

Q−Uは，教師が活用しやすいように，次の特徴がある。①子どもたちや教師の自尊心やプライドを傷つけない質問内容である。②短時間で実施できる。③集計結果を図表化するのでわかりやすい。特に，「学級満足度尺度」は，a個人の内面，b学級集団としての状態，c学級内の子どもたちの関係，の3つを多面的に把握でき，子どもの実態把握と，実態を踏まえた学級づくりに取り組めるように工夫されている。

●学級満足度尺度の使い方

まず，子どもたちにアンケート用紙を配り，あまり深く考えずに質問に答えてもらう。帰りの会などで，5～10分程度で実施できる。質問は，①「私はクラスの中で存在感がある」「学級内に本音や悩みを話せる友人がいる」など，学級の中で自分が友達から受け入れられ，考え方や感情が大切にされている，という気持ちと，②「学級の人から無視されるようなことがある」「学校に行きたくないときがある」など，学級の中で友達とのトラブルやいじめを受けているなどの不安がある，という気持ちについて聞いている。集計では，この2つを①承認得点，②被侵害得点として一人一人の得点を算出する。この2つの得点を座標軸にした図表の中に子ども一人一人の名前や出席番号などの印を書き込んでいき，子どもたちを学級生活満足群，非承認群，侵害行為認知群，学級生活不満足群の4つのタイプに分けて理解する。

●個人の内面を知る

「学級生活満足群」は，承認得点が高く，被侵害得点が低い。学級内で存在感があり，かついじめや悪ふざけを受けている可能性が低く，学級生活に満足感をもっている子どもたちである。「非承認群」は，承認得点と被侵害得点が共に低く，いじめや悪ふざけなどを受けている可能性が少ない代わりに学級内で認められることもなく，学級生活や諸々の活動に意欲がみられない子どもたちである。「侵害行為認知群」は，承認得点と被侵害得点が共に高く，学級生活や諸々の活動に意欲的に取り組むが，ほかの子どもとトラブルを起こしている可能性のある子どもたちである。「学級生活不満足群」は，承認得点が低く，被侵害得点が高く，耐えがたいいじめ被害や悪ふざけを受けている可能性があったり，学級の中に自分の居場所が見つけられていない子どもたちである。このように，「a 個人の内面」を４つのタイプに分類して把握するので，それぞれのタイプに合った個別の対応を考えることができる。

●学級のタイプを知る

子どもたちが４つの群にどのように分布しているかで，学級のタイプがわかる。学級のタイプについては，学級内に①教師と子ども，子ども同士など，学級の中の親和的であたたかくふれあいのある人間関係があるか，②学級生活における対人関係を円滑にするためのルールやマナーがあるか，という２点で理解することができる。これを ①「リレーション」と ②「ルール」という。「リレーション」と「ルール」がどの程度確立されているのかという２つの柱で，「b 学級集団としての状態」と「c 学級内の子どもたちの関係」を把握できる。

代表的な４つのタイプを紹介する。学級生活満足群に多く子どもが集まっている場合，「リレーション」と「ルール」のバランスのよい確立がなされ，意欲的で互いを尊重し合う学級集団になっている。学級生活満足群と非承認群に多く集まっている場合，「ルール」はあるが，「リレーション」が不足している。規律やけじめが重視され，教師や子ども同士が生活態度や行動を厳しく評価していたり，子ども同士で自分の気持ちを表現することや，友達とふれあうことが少ない。学級生活満足群と侵害行為認知群に多く集まっている場合，「リレーション」はあるが，「ルール」が不足している。子どもが自己主張する場面や友達とかかわる場面が多いが，対人関係上のマナー，規律やけじめが定着していないのでいじめやトラブルが頻繁に起こる。学級生活不満足群に集まっている場合，「リレーション」，「ルール」がともに不足している。学級では，けんか，いじめがたえず起こり，子どもたちの人間関係は希薄で，ほとんどが「この学級は嫌だ」と感じている。

Q−U の結果をより有効に活用するには，結果をもとに，ていねいに子どもとかかわること，また日常観察による情報を加味して対応すること，が大切である。また，子どものちょっとした内面の変化をより的確にとらえられるため，継続して調査することをおすすめしたい。

第7節 学校での授業スキルへの取組み

❶教科教育スキルへの取組み

これまで述べてきた授業の要素は，学校現場ではどのように扱われているのだろうか。

学校で行われる特定の教科の研究授業などでは，❶教科教育スキルが議論の中心になるだろう。例えば，教材の特性をどのように生かしたのか，そこから子どもたちの興味・関心をどのように喚起できたのか，取り組むプロセスの方法はどうだったのか，などである。

この場合，❸学級集団の状態(子どもたち個々の特性×子ども同士の関係性×発達段階)は，ある程度良好な状態であることが前提になっている。それは，荒れた状態の学級の教師が，校内の教科教育の研究授業を引き受けることがまれなのをみてもわかるだろう。教師向けの指導書に書かれている授業の指導案，展開計画も同様である。ある程度良好な状態の学級集団を想定して書かれているのである。

これは❷授業の「構成スキル」×「展開スキル」も同様で，ある程度良好な状態の学級集団で有効なスキルが，一般によい対応だとされている。しかし，良好な状態で有効な教師の言葉がけも，荒れた状態の学級ではまったく通用しないか，違う意味でとられてしまうことも少なくない。

したがって，❶教科教育スキルだけをとって，教師の指導力云々とは，いえないのである。現在，授業がうまく成立せず悪戦苦闘している教師の中で，かつて教科教育指導で活躍したベテラン教師が少なくない，というのはその辺りを物語っているといえよう。これらのベテラン教師は，教科の特性をつかみきれなくて授業がうまく展開できないのではなく，その前の段階で，授業が始まっても教科書を出さない，私語がとまらない，やる気がみられないなど，かつて経験したことのない子どもたちの実態を前にして，以前のように授業を展開できないでいるのである。

❷授業の「構成スキル」×「展開スキル」への取組み

「授業に生かすカウンセリング的対応のあり方」，「子どもたち一人一人にそった言葉がけのある授業」など，❷授業の「構成スキル」×「展開スキル」に関する検討会は，地域の数校の学校が集まった教育相談部会や生徒指導部会の研究授業でよく見かける。

ここでの議論の中心は，配慮が必要な子どもについてどのような対策（グルーピングなど）がとられたのか，教師の対応は受容や共感が感じられるものであったか，子どものまとまらない発言をうまく「繰り返し」や「明確化」してほかの子どもたちに伝えることができたか，などが主なものであろう。

最近は，「心の教育」と銘打って，構成的グループエンカウンターやソーシャルスキルトレーニングを学級で実施して，そのとき用いられたエクササイズや展開の仕方について話し合われることも，とても増えてきた。しかし，その取組み自体がトピック的に扱われているものが多く，日々の他の教育実践にどのようにつながっていくのか，という議論にまで進むものは残念ながら多くはない。

この場合も，❸学級集団の状態（子どもたち個々の特性×子ども同士の関係性×発達段階）は，ある程度良好な状態が前提になっている。「子どもたちの相互交流のある授業」や「対話のある授業」がいいと言われる中で，交流も対話も成立しないようなギスギスした荒れた学級は研究に取り上げられないのである。しかし，教師が知りたいのは，そのような学級の状態のときにどうするのか，なのではないだろうか。

また，教科教育の授業でカウンセリングを生かした対応を検討する場合は，❶教科教育スキル（教科の特性，教材の工夫など）は，とても基本的でオーソドックスなもので，かつ，子ども同士が交流しやすいものが選ばれるのが常である。しかし，日常の教育実践の大半を占める，新出漢字の説明や習得，算数や数学の複雑な公式の説明などのときに，どのような言葉がけをすれば子どもたちが興味を示し，意欲を持続するのかを，多くの教師は知りたいのではないだろうか。

❸学級集団の状態への取組み

学級集団の理解，特定の学級の学級経営についての研修は，実は，驚くほど少ない。「よい授業の前提は，普段の学級経営の如何にかかっている」と多くの指導主事が声を大にして力説するが，普段の学級経営の如何について，具体的に研修する場はとても少ないのが現状である。

そのような中で，教師たちは1970年代ごろまでよく取り上げられた「望ましい学級経営のあり方」のような学級経営像にとらわれていることが少なくない。しかし，そこに登場する子どもたちと学級集団の姿から，目の前のそれは大きく様変わりしているのである。現在でも退職した校長などが講師となって，「望ましい学級経営のあり方」の研修会があるようだが，日常の学級経営に悪戦苦闘している教師にとっては，建前と本音，という感じをもちがちである。従来の経験則が通用しなくなってきたという現状の中で，教師たちの試行錯誤がなされているというのが実情だろう。手前みそになるが，筆者らが開催している「Q−Uを用いた学級経営セミナー」に多くの参加者が集まるのも，このような背景があるといえる。

また，地域の学校が集まって行う教育相談部会や生徒指導部会の研究授業では，特定の配慮を要する子どもをピックアップして，その子どもへの対応を授業の中でどう位置づけていくのかという検討がなされている。しかし，年間を通した学級経営の中で，その子どもも含めた対応とまでなると，研究している部会は少ないのが現状だと思う。

目前に迫る課題とは

つまり，教師が目の前の子どもたちに対してよりよい授業をしたいと考えたとき，❶❷❸はトータルで検討されなければならない。しかし，教師が❶❷❸をトータルで検討する機会や研修する機会は，現状ではきわめて少ないといえる。

❶❷❸のうちどれが一つ欠けても，よりよい授業は成立しない。特に，❸を前提として，どのように❶，❷の展開を工夫するのかについては，学校現場の教師にとって一番ニーズの高い領域だろう。身近で切羽詰まった問題なのである。

本書では，この３つをトータルにとらえ，よい授業の生み出し方を２章以降に示していく。

Column

授業で見られる反抗に対処するポイント

河村　茂雄

授業で見られる反抗とは，教師の設定した授業展開に参加したくないという子ども側の思いがあり，それがその場の状況にはそぐわない形で行動化されるものである。

教師にとっては，自分の存在や指導性が子どもから否定されたように感じ，怒りや悲しみなどの感情が込み上げてくる。その結果，対応が冷静にできなくなる。これが授業をするうえで問題なのである。

Ⅰ：その子どもがなぜそのような行動をするのか，というアセスメントが十分にできない
Ⅱ：その子どもへの対応が適切にできない
Ⅲ：学級全体への対応が適切にできない

ⅡとⅢはⅠの結果として生じてくるので，Ⅰに注目してみよう。子どもが授業中に行う反抗的な行動は，次の6点のなかのどれかの（複数の場合もある）メッセージである。

①授業の内容がわからない　　②授業の内容が面白くない
③枠にはまった環境にいることが苦痛である　　④自分に注目してもらいたい
⑤教師との関係そのものが嫌である　　⑥教師のうろたえる行動を見るのが面白い

どの要因にしろ，その場だけを乗り切って終わりにしてはいけない問題なのである。

したがって，その授業場面の出来事が，長い学級生活の中でどのような意味をもつものなのかを，必ず検討しなくてはならない。その場でその子どもに感情的に巻き込まれることを避け①～⑥について，じっくり検討したうえで，次に必ず対応することが基本となる。

そこで，その授業場面では，その子どもがそれ以上逸脱行動をしない，自尊心を傷つけられない，適切なかかわりが求められる。その場のトラブルを大きくせず，「個別の対応」，「時間をかけた対応」へ，スムーズにつなげる対応策を実行すること，である。

例えば，後で補習の時間を用意すること，放課後に個人的に話す時間を設定すること，等を伝え，今は黒板の内容をしっかりメモすることを促す。学級活動のときに問題について話す時間を設けることを宣言し，いまはこの作業をとりあえず続けることを促す，等である。

また，Ⅱの問題はⅢの問題と必ずつながってくる。したがって，その子どもと学級集団全体との関係も視野に入れた対応が求められる。特定の子どもの反抗的な行動が，実は学級全体の子どもたちの気持ちを代表している場合もある。必要ならば，学校組織の具体的なサポートを受けられる体制（ティームティーチングなど）を事前に用意しておくことも，対応策の中に入れておくことが求められる。

第8節
本書を活用する手順

毎日継続できる「よい授業」を支える授業スキル

本書は，代表的な学級集団の状態を取り上げて，そのような学級集団の状態のときに，教科教育スキル，授業の「構成スキル」×「展開スキル」を，どう具体的に活用するのかを提案するものである。

学級集団は，同一の教師が担任する学級ならば，必ず同じ傾向にそってくずれていく・回復していく。それを段階的に取り上げたので，その具体的な差から，読者はかなり応用ができるものと思う。

本書がめざすよい授業とは，ほかの教師から一目置かれるようなすばらしいザ・ベストの授業ではなく，その学級集団の状態，担任する教師の力量の中でめざす，マイ・ベストの授業である。研究授業のときのように，ほかの教師に見せるための授業ではなく，日々の教育活動の中で地道に展開される授業であり，授業場面である。そして，そのときに活用すると有効なスキルである。

一見平凡なスキルも，用いる文脈によって，その効果は目を見張るものがある。いっぽう，どんなに有効なスキルも，用いた文脈とのマッチングが悪ければ，陳腐なものになってしまう。ポイントは，その授業場面の文脈をどう把握し，どう次の一手を打つかなのである。したがって本書では，文脈をどう読むか，そしてなぜこのスキルを用いるのかを，具体的に解説する。読者は読みながら，そのポイントがある程度つかめると思う。

取り上げる教科や単元は，ページ数の都合で，筆者が運営している教師相談で相談件数の上位のものが中心になっている。教師にすれば，少し荒れてきた学級集団でやりにくい教科なのだと思う。

読者がオリジナルの授業づくりを行う手順

本書の具体的活用方法としては，次のような流れになる。

［ 授業づくりの流れ ］

①自分の学級集団の状態と似ているタイプを確認する
②該当する学級集団の状態のときの授業例を読み，ポイントを確認する
③自分の実践のデザインをポイントを参考にして，組み立ててみる
④実際の授業の中で，より合うように修正しながら，実践する

この４段階を，気の合う教師仲間で実行できると，その効果は格段に違ってくる。一人だと，どうしても自己盲点が生じやすいからである。

授業というのは，「見る人の実力のほどに見えるものである」とよくいわれる。力のある教師が見ればすばらしいスキルも，そうでない教師が見ればつまらないスキルにしか見えない。つまり，一見淡々と進んでいるように見える授業にも，展開する教師の隠れた工夫が盛り込まれているのである。力のある教師は，その背景にある取組みを見抜くことができる。それは，たぶん，かつて自分も試行錯誤して苦労したことがあるからであろう。その意味でも，教師仲間同士での検討は，とても有効なのである。

また，子どもたちが主体的に取り組む授業も，一朝一夕で子どもたちがそのように活動できるようになったわけではない。そこにいたるまでには，段階を追った教師の指導があったはずなのである。その部分が，より重要なのである。

本書は，要領よく授業を展開するテクニックを提案するものではなく，授業を通して子どもたちの関係が深まり，かつ学級集団の状態が向上するようなスキルを，提案するものである。

〔以上１章担当　河村茂雄〕

Column
小学生の発達段階

苅間澤勇人

人が精神的に健康な発達を遂げていくには，各発達段階での課題を達成することが必要である。発達段階にはその発達段階に固有の特性がみられる。教師には子どもの発達段階を理解して，その特性に応じて支援を工夫することが求められる。

●低学年で身につけること

児童期になると，子どもが属する社会が広がる。子どもには，その社会の文化に適応するために必要な行動様式を獲得することが求められる。小学校に入学した子どもには，学校生活が集団で行われるため，集団を形成・維持するためのルールや人間関係のマナーなどの行動様式を身につけることが求められる。そういう段階の子どもたちに指導・援助する教師は，ルールやマナーが必要なことを説明して，授業においても基本的なルールのもとで，みんなで学習や活動をして楽しかったという経験を何度ももたせる指導をすることが大切である。しかし，教師がいっせいに指導しただけでは基本的なルールやマナーがなかなか身につかない子どももいる。そういう子どもが学校での居心地の悪さを感じて，その気持ちをうまく言語化できないときに，授業に積極的に参加しなくなったり，身体的な不調を訴えたりすることがある。そのような場合，教師は養護教諭や同僚の協力を得て，その子どもについて十分に理解をして徐々に適応できるように援助する。

●勤勉性を身につける

学校生活にうまく適応できる子どもは，身体面の発達によって「できること」が増え，自分の能力に自信をもつことから，「知りたい」「さらにできるようになりたい」という欲求に駆り立てられる。その欲求を満たすために，遊びだけでなく課題活動を行うようになる。主な課題活動として学習がある。学習によって「私は努力すればできる」という効力感などをもつことができたら，その後も努力することができるであろう。いわゆるエリクソンのいう「勤勉性」である。いっぽう，努力してもそれが報われるとは限らない。友達と比べてうまくできなかった，あるいは到達目標に達しなかったと認識することもある。すると「私は何をやってもダメだ」という無力感などをもつことがある。いわゆる「劣等感」である。

そのような場合には教師はどのような指導・援助を行えばよいか。ひとつは，子どもの問題解決に道具的・情報的なサポートを与えて，「知りたい」などの欲求が十分に満たされるように配慮することである。もうひとつは，同時に，子どもがもつ欲求や行動の結果を肯定する情緒的なサポートを行うことである。例えば，子どもの欲求には「気持ちわかるよ，それでいいんだよ」，行動の結果には「うまくできたね」「すごいね」，あるいは「○○さんのベストですね」「一生懸命にやっていたね」といった言葉と態度が一体となった受容的なメッセージを送るのである。つまり，子どもの行動の支えになるのである。特に，これらの援助は低学年や中学年に必要である。

●高学年の発達段階

高学年になると子どもは，教師や親などの大人に対して批判的な目を向けるようになったり，自分の行動を決めるときに特定の友達からの影響を強く受けたり，仲間に同調したりすることが多くなる。また教師に対して，評価の客観性や公平さを望むようになる。大人の権威を絶対視しなくなり，大人の人間性に反応するようになる。高学年の子どもの考えや行動に影響を与えるものが変わったことを理解して，適度な距離をとりつつ，子どもが自分でできたという達成感をもてるように指導・援助することが必要である。

●認知の発達

小学校の時期は認知面でも大きな変化がある。ピアジェのいう具体的操作期から形式的操作期への変化である。具体的操作期は見たり，触ったり，動かしたりできる具体的な対象に関しては，物の見かけに惑わされないで論理的な思考ができるようになる段階である。形式的操作期は，具体的操作期の「物の見かけは違っても物理的数量が同じであるはずだ」という論理的な思考が，具体的な内容を離れた抽象的な記号や概念を用いて可能になる水準に高まった段階である。例えば算数において，中学年までは具体的な数によって計算したが，高学年では数を□などの記号や式を用いて計算できるようになる。教師は，このような子どもの認知面の発達段階にも配慮して授業を計画することが必要である。

●学校教育と発達課題

ヴィゴツキーは子どもの発達を２つの水準でとらえている。ひとつは子どもが独力で解決可能な水準であり，「今日の発達の水準」と呼ばれ，すでに形成・完成したものである。もうひとつは教師や親などの他者の援助や，友達などと共同の活動があれば解決可能な水準であり「明日の発達の水準」と呼ばれ，発達しつつあるものである。そしてこれらのレベルの境を「発達の最近接領域」と呼んで，この領域で教育や発達が起こると考えている。実際の授業では教師がヒントを与えたり，やり方を説明したりすることがこれに当たる。「発達の最近接領域」の考え方が学校の指導の基盤になると考えられる。

第2章

この学級は，こう授業する！

第１節
ルールの確立が低い学級での工夫

授業がどんどん遅れていく学級

子どもたちは明るくて元気だが，**なんとなく騒々しくて落ち着かない**。授業開始のチャイムが鳴っても席に着かない児童や，机に落書きをしたり，シールを貼ったりしている児童が出てきた（やや低い）。授業中に勝手に立ち歩き，平気でゴミを捨てに行く。友達が発表していても聞くことがなく，教師と児童の１対１の応答になっている。教科によっては授業中の私語が多くなって**教師の指示が通らなくなっている**（かなり低い）。

どうする？

子どもたちはのびのびと学んでいるようだが，一人一人の自由がぶつかって摩擦を起こしている。対人関係の基本的スキルを学んでいないため，集団生活に必要なルールやマナーが育っていないのである。担任の「がみがみ言わず，子どもの自由に任せたい」という学級経営方針が裏目に出ている場合が多い。そこで……

1．最低限のルール（対人関係の基本的スキル）を確立する

だれもが気持ちよく過ごせて，学習に適した集団をつくるために，最低限必要なルールを掲げて定着させる。ルールはみんなが一緒に生活し，一人一人の自由を守るために必要だと認識されれば成功である。

2．教示的・説得的なリーダーシップを発揮する

子どもたちに「教師の指示に従う」習慣を定着させるために，小さくて簡単な指示を，確実に守らせていく。先生は積極的に一人一人を守ったり，育てたりしてくれて頼りになる，と認識されれば成功である。

この学級に特に必要な授業スキル

ルールが低下している集団の状態でも児童たちが抵抗なく取り組めて，活動の中で学級集団にルールやマナーを育てることができる授業スキルを活用する。

構成スキル❶／リーダーシップの発揮レベル

活動の前に，①ルールを確認する，②活動の意図や意味を説明し，教示的・説得的なリーダーシップを強める。

構成スキル❹／授業進行のデザイン

ルールやマナーがくずれてきている学級では，自由に考えたり活動したりすることで得られる成果が乏しくなる。教師主導で進める時間を増やして，何をすればいいのか明確にした枠の中で授業を進め，その中でルールを確立していく。

展開スキルー対応❸／注意

私語や勝手な行動についてはルール違反の行動の部分を指摘し，ルールにそっているかを質問するなどして，その都度気づかせるようにする。一人一人のルール破りは小さくても，見過ごすと集団全体のルールの形成にマイナスの影響が大きい。

ルールの確立がやや低い？　かなり低い？

このタイプの学級は，集団の力を発揮したり，一人一人が安心できるルールが徐々にくずれている。「やや守れない学級」は，教師の日常的な対応で修正する。「かなり守れない学級」は，計画的な対応が必要になり，授業形態の思いきった工夫をする。

観　　点	ルールの確立がやや低い	ルールの確立がかなり低い
話を聞かない子	全体の３分の１程度 	全体の半分程度 
教師の指示で動かない子	全体の１割程度 	全体の４分の１程度 
発表ができるか・聞けるか	特定の子がいつも冷やかされる 	ふざけた発言が多くなる。冷やかす子どもも複数いる 
グループ活動ができるか	リーダー不在で活動が進まない 	勝手な活動をしてまとまらない 
Q−U テスト結果	学級生活満足群と侵害行為認知群に多く分布 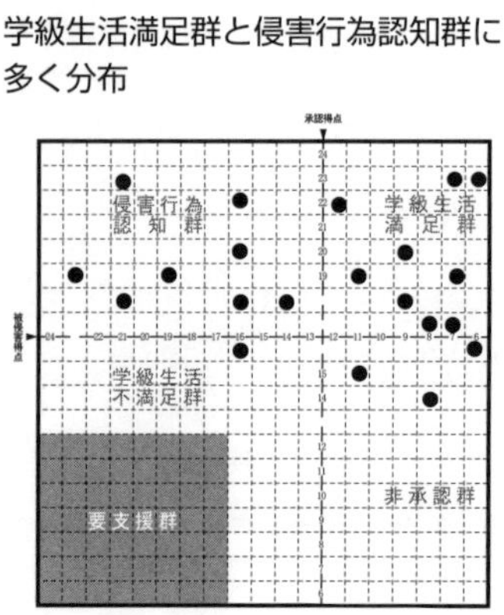	学級生活不満足群が増えてくる 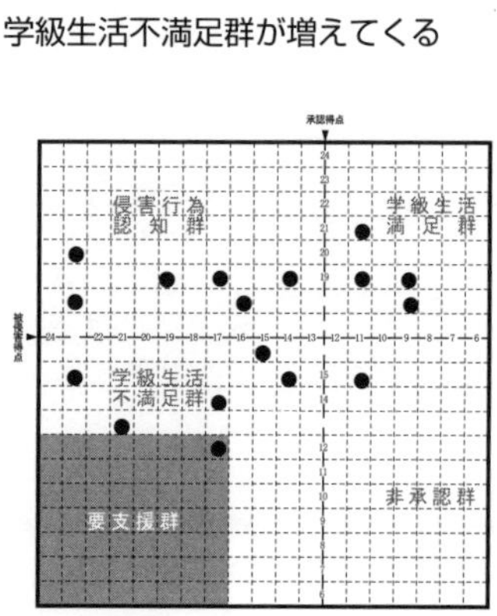

授業をどうするか？

主要な授業場面	ルールがやや低い学級でどうやるか	ルールがかなり低い学級でどうやるか
全授業共通事項	・活動前に，その都度ルールを確認する ・担任が教示的・説得的なリーダシップを発揮する	・学年や教科の同僚に協力を得る ・スモールステップで計画的に改善する ・担任が展開や態度を工夫する
①一斉説明型 概念の説明 ビデオ視聴	・集中が持続する時間に合わせて，インターバルを短めに設定する **時間・インターバルの設定** ・全員が集中していることを確認しながら進める **注意**	・教師主導の展開にする **授業進行のデザイン** ・インターバルを短く区切る **時間・インターバルの設定** ・最低限守らせるルールを繰り返し徹底するための時間をとる **注意**
②課題作業型 漢字の書き取り 計算練習，書写	・教師がモデルを示してから作業に取り組ませる **説明** ・一斉指導を合間にいれ，進み具合の差が大きくならないように配慮する **授業進行のデザイン**	・説明後に少しやらせてみて，全員でやり方を確認する **説明** ・手順を板書したりワークシートに示す **提示**
③表現創作型 作文，レポート， 制作，合唱	・全員が活動をやり切れるような，定型の枠を与える **指示** **説明** ・全員の準備や取りかかりの節目をそろえる **指示**	・定型の枠に，モデルとなるものを付け加えて子どもに提示する **指示** **説明** ・やり方の手順を明確に示す **提示**
④問題解決型 調べ学習，実験	・問題を焦点化し，子どもたちに共有させる **説明** ・ゴールと方法・手順を具体的に示す **提示**	・教師主導の展開にする **授業進行のデザイン** ・取組みの段階を短く区切る **時間・インターバルの設定** ・危険防止のため，事前に遊びやふざけを予防する指示と注意を行う **指示** **注意**
⑤相互作用活用型 話合い，体育試合	・事前にモデルとなるスタイルを提示してから交流をさせる。その際によくないやり方の例も示す。後追い指導を減らす工夫をする **指示**	・一人一人に考えをもたせるためのプリントを用意する **提示** ・体育のゲームなどは，グループサイズを極力小さくして行わせる **授業場面のデザイン**

第2節
リレーションの確立が低い学級での工夫

授業に活気がない学級

子どもたちはおとなしくて落ち着いていて，授業中も姿勢よく教師の話を聞いているし，勝手なおしゃべりもない。しかし，**発言する子どもが数名に固定されていて活気がみられない**。また少しふざけたり，駄じゃれを言ったりするだけで，学級のリーダーに厳しく注意されるような張り詰めた雰囲気がある（やや低い）。さらに発言する子ども，黙っている子どもがはっきりわかれてくると，教師やリーダーたちから**注意される子どもが反抗的な態度を表す**ようになる（かなり低い）。

どうする？

規律ある集団生活が送られているが，子ども同士や子どもと教師の間にはふれあいがない。多くの子どもは教師に従うことで認められようとするため，自由な子どもらしい活動（活気）が生まれないのである。不満を爆発させ反抗する子どもが現れ，反抗が広がると，一気に授業が成り立たなくなる。子どもらしい「おふざけ」でも学級が乱れていく原因になると考えて，担任はいっそう管理的な指導を強めるが，逆効果となる。そこで……

1．リレーションを形成し，だれもが認められる雰囲気を確立する

思いを安心して表現でき，だれもが認められるような，学習に適した雰囲気を育てるために，授業の中に一人一人が認められる場面を設定し，あたたかい人間関係を促進する。

2．参加型のリーダーシップを発揮する

子どもたちは自主性に欠け，教師の顔色をうかがうような緊張感がある。教師は参加型のリーダーシップに切りかえ，子どもとともに楽しく活動する場面を取り入れたり，子ども同士の交流を多くしたりして，教師に対する緊張感を緩和することが重要である。

子どもが考えを自由に出し，それを生かしていく展開や，教師が一人一人のよさを認める場面をつくること，グループ活動を取り入れていくようにする。

この学級に特に必要な授業スキル

リレーションが低い集団でも，抵抗なく授業に取り組めて，活動の中でリレーションを徐々に形成することができる授業スキルを活用する。

構成スキル❷ 学習評価の目安

一人一人の存在を意識できるように，だれのどんな活動がよかったか，子どもが相互評価できるようにする。

構成スキル❺ 時間・インターバルの設定

人間関係の緊張をほぐすために，子ども同士のふれあいが深まるゲーム性のある活動を設定する。教師も参加し，教師に対しても安心感がもてるように配慮する。

展開スキル－対応❺ 自己開示

間違って恥ずかしい思いをしたことや失敗談を教師が話し，「失敗は許される」という雰囲気をつくり出す。

リレーションの確立がやや低い？　かなり低い？

このタイプの学級は，子ども同士の関係や，子どもと教師との関係がギスギスしてきている。「やや低い学級」は，教師の日常的な対応で修正する。「かなり低い学級」は，計画的な対応が必要になり，授業形態の思いきった工夫をする。

観　点	リレーションの確立がやや低い	リレーションの確立がかなり低い
話を聞かない子	あからさまではないが１～２名程度 	４分の１程度 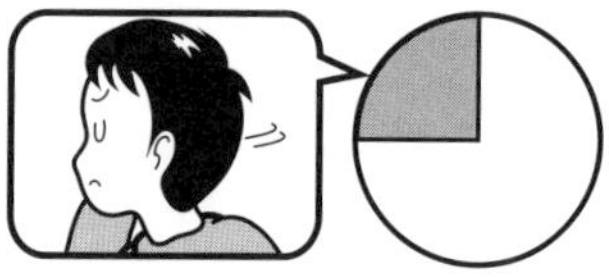
授業中に発言する子	３分の１程度に固定 	１～２割程度に固定 
注意される子がいつも同じか	数人の子がよく注意されるが，すぐに態度をあらためる 	ほとんど同じ子どもが教師や友達に強く注意される 
グループ活動ができるか	一部の子が活動を進めようとするが，ほかの子の役割がはっきりしない 	グループのリーダーに反抗する子どもがいて，活動が停滞している 
Q−U テスト結果	[学級生活満足群] と [非承認群] に多くの子どもが存在している 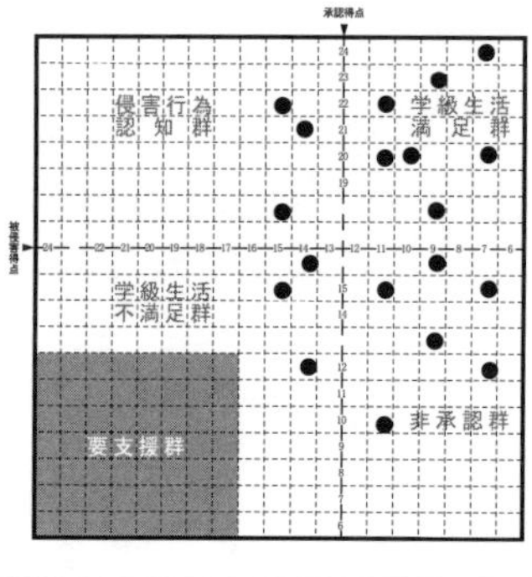	[学級生活満足群] と [非承認群] が多く，さらに [学級生活不満足群] が増えてくる 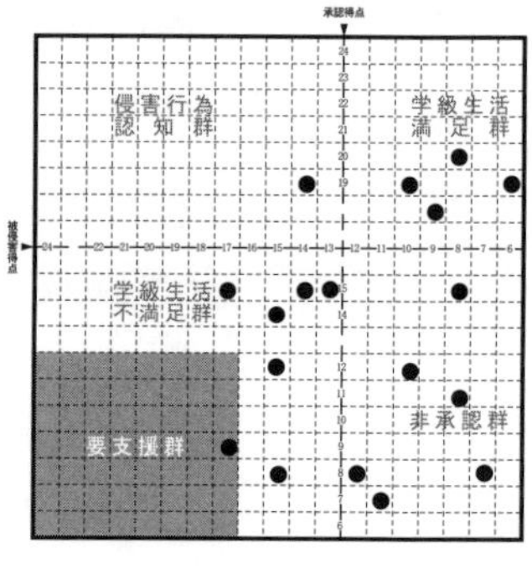

授業をどうするか？

授業場面	リレーションがやや低い学級でどうやるか	リレーションがかなり低い学級でどうやるか
全授業共通事項	・２人組や４人組での活動を取り入れる ・教師の私的な語りかけを取り入れる	・教師と子どもの１対１のリレーションを形成し，信頼関係を築く ・児童が活躍したり，認められる場面を設定する
①一斉説明型 概念の理解 ビデオ視聴	・ゲーム的な活動を取り入れ，緊張を緩和し，子ども同士のあたたかい交流を入れる　授業進行のデザイン ・発問はブレーンストーミング的に考えられるものを出し，すべての答えを認める雰囲気をつくり出す　発問	・一斉説明の時間を短めにする　時間・インターバルの設定 ・聞いたり見たりしていないとできない活動とセットにし，生徒を巻き込む　授業進行のデザイン
②課題作業型 漢字の書き取り 計算練習，書写	・手順を自分で確認できるように板書（ワークシート）で示す　提示 ・作業の最中に，教師が一人一人への語りかけを行う　賞賛	・できたら，その都度認められる仕組みをつくる　賞賛　活動の促進 ・教師主導の展開にする　授業進行のデザイン ・短いインターバル　時間・インターバルの設定
③表現創作型 作文，レポート， 制作，合唱	・子どもと共につくっていくような参加型リーダーシップスタイルをとる　リーダーシップの発揮レベル	・子ども同士による相互評価を２人組で行う　授業場面のデザイン ・取組みのバラつきを防ぐため，短いインターバルで設定する　時間・インターバルの設定
④問題解決型 調べ学習，実験	・認め合い活動を取り入れ，人間関係を深める　授業進行のデザイン ・自分の体験を交流し合う場面を設定する　授業場面のデザイン	・保護者の協力を得て見学などを行う　授業場面のデザイン ・活動のために，全員が役割をもつようにする　指示 ・ワークシートで一人一人に考えをもたせる　授業場面のデザイン
⑤相互作用活用型 話合い，体育試合	・かかわりへの抵抗を減らすため，授業の導入部にゲーム形式の学習を設定する　授業場面のデザイン	・ワークシートを使用し，それに教師がコメントを書く。またその内容を生かして話し合いを構成する　授業場面のデザイン

第3節
ルールとリレーションの低い学級での工夫

授業が成り立たない学級

勝手に立ち歩く子どもがいる。かと思えば，**暴力を振るわれて泣いている子ども**がいる。授業は殺伐とした雰囲気で，大声で指示をしてもまったく聞こうとしない。学力は定着せず，保護者からも苦情がたえない。なすすべもなく，何も解決されないまま，とりあえず，教師のむなしい一方的な説明がなされるばかりである。

どうする？

一斉授業は成立せず，児童の学習権や安全が保障されない状態にある。子どもたちは学ぶ意欲を失い，好き勝手に振る舞って互いを攻撃し合っている。教師は，児童のあらゆる行動をマイナスにとらえる傾向におちいりがちで，授業を激しく妨害する児童に振り回され，ある程度まじめに授業を受けようとしている児童も見落としてしまう。そこで……

1．児童の心身の安全を保障する

児童は心身ともに傷つけ合っている。他の教師の協力を得ながら，パニックを起こした子，暴力的な子，授業を妨害する子などへの対応を分担して行い，安全を確保する。

2．学習権を保障する

「教師が発問し，子どもたちが答える」という一斉指導はできないので，基礎基本を重視した個別の作業学習を多く取り入れる。初めのうちはプリントに集中できないが，机間指導をしながら個別にていねいにねばり強く指導すると，少しずつ落ち着きを取りもどす。

3．ルールとリレーションの緊急措置

当面の守るべきルールとして，「これだけはやってはいけない。言ってほしくない」ものを無記名で募り，その中からこれなら守れそうだというものを１つか２つ児童と選ぶ。リレーション形成は，個別指導で，児童と教師が１対１の関係をつくるところから再スタートする。３分の１の児童とリレーションができるころには，児童同士の関係もよくなる例が多い。

この学級に特に必要な授業スキル

ルールとリレーションがない状態からでも取り組める授業スキルを活用する。

構成スキル❸ 授業場面のデザイン

作業的活動を多く取り入れ，個別にていねいに対応する。一斉指導の時間は短くする。グループ活動には教師が参加する。ほかのグループは個別に作業を行うようにする。

展開スキルー能動的❷ 指示

簡潔に行う。黒板に具体的な行動目標と，何をするのかをわかりやすく書く。全体に指示を出すことは極力避け，個別に指示をする。

展開スキルー対応❷ 賞賛

全体の場でほめる場合，個別にほめる場合を一人一人に応じて変える。何がよかったのか，行動を具体的にほめる。

ルールとリレーションが低いサインは？

学級がくずれているのに，一時的なものであろうと安易に考え，特別な対応もしないまま，状態をさらに悪化させる場合がある。学級が危険な状態か次の観点から診断し，もし「はい」の数が３分の１以上があるようだったら，早急に対応することが必要である。

子どもたちの様子	チェック
教師を無視し，勝手な行動をとる子どもがいる	□ はい　　□ いいえ
教師に反抗するときにだけ団結する	□ はい　　□ いいえ
まじめな子がいじめられる	□ はい　　□ いいえ
教室にゴミが散乱している	□ はい　　□ いいえ
授業中にトランプや漫画本に興じている	□ はい　　□ いいえ
係活動は停止している	□ はい　　□ いいえ
給食は力の強い順に勝手にとる	□ はい　　□ いいえ
「○○死ね」などと落書きがある	□ はい　　□ いいえ
学級の外でも同じ態度で，他の先生にも反抗する	□ はい　　□ いいえ
Q－U テストの結果が右のような分布である	[学級生活不満足群] に多くの子どもが存在している。承認得点が低く，被侵害得点が高い。要支援群にも数人いて，このままの状態では不登校も現れてくる可能性がある

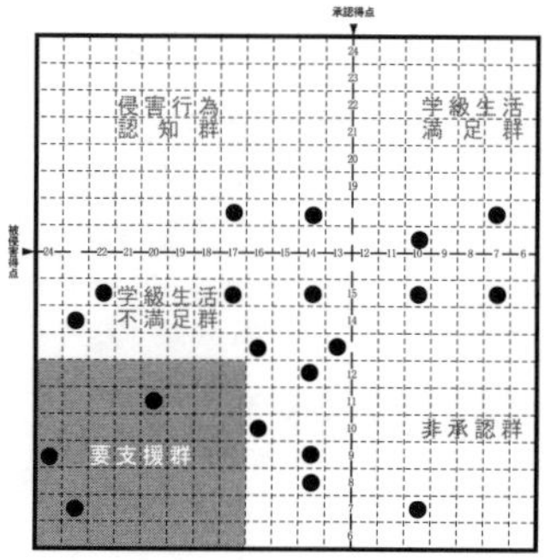

『学級崩壊　予防・回復マニュアル』　河村茂雄（図書文化）より

授業をどうするか？

授業場面	ルールとリレーションの低い学級でどうやるか
全授業共通事項	・担任をサポートする教員を配置する ・子どもの心身の安全の保障をする ・学習内容の基礎基本を抜粋し，個別学習を中心に行うことで，学習権を保障する
①一斉説明型 概念の理解 ビデオ視聴	・短時間で説明を行う　時間・インターバルの設定 ・学習内容が細かいステップで構成されているプリントを活用する　提示
②課題作業型 漢字の書き取り 計算練習，書写	・一斉授業の形態をできるだけ避け，個別に行う基本演習の時間を多くする　授業場面のデザイン ・文章完成式やクイズ形式のワークシートに，結果やまとめを記入できるように工夫する　提示 ・ワークシートには教師がコメントを書き込み，子ども一人一人とつながるパイプを用意する　賞賛　リーダーシップの発揮レベル
③表現創作型 作文，レポート， 制作，合唱	・学習活動の内容や方法がわかるようなプリントを拡大コピーして提示する。これにより，指示や説明を簡潔に行う　指示　説明 ・10分程度集中できればよい。短めのインターバルで行わせる　時間・インターバルの設定
④問題解決型 調べ学習，実験	・ビデオなどの視聴覚教材でモデルを示す　提示 ・ワークシートを活用して，個別に調べ学習をさせる　授業進行のデザイン ・実験などで危険が伴う場合は，教師がグループと一緒に活動を行う構成を繰り返す　授業場面のデザイン
⑤相互作用活用型 話合い，体育試合	・個人ごとに感想や反省を書かせ，それを集めて教師が整理していくスタイルで，児童の考えを交流させる　授業進行のデザイン ・ゲーム的な要素のある活動も織り込む　時間・インターバルの設定

〔以上2章担当　藤村一夫〕

Column
授業ルール確立の基本

藤村　一夫

1．ルールの確立が低い学級で定着させたい授業のルール

〔集団で一緒に何かをやるためのルール〕

①　先生や友達の話は最後まで黙って聞く

②　勝手なおしゃべりはしない

③　教師の「始め」の合図で一斉に始める。「やめ」と言ったら10秒以内に教師に注目する（時間を減らしていく）

〔リレーションを形成するためのルール〕

④　授業中は友達の名前は呼び捨てにせず，「～さん」と呼ぶ

⑤　「○○さんと同じで～です」「△△さんにつけたして～です」など友達の名前を呼ぶ，かかわり方のひな形を示す

2．授業のルールを定着させるアイデア

本来は明るく開放的な集団なので，元気な声をいっせいに出させたり，動作を活用するなどして，集団のマナーを少しずつ意識させることができればより効果的である。

(1)　ルールをいっせいに声に出して確認する

ルールをわかりやすく標語(五七五のリズム)にして，教師の音頭でいっせいに言わせる。

〔例〕教師「人の話は……」→児童「最後まで口チャック」。教師「できなくても……」→児童「がんばる姿は美しい」。教師「私の自由……」→児童「他人《ひと》の不自由」。教師「準備ができたら……」→児童「手はおひざ」。

(2)　教師がモデルとなる

教師自身が「さん」をつけて話しかける。「○○さんも，△△さんも話していたように～」など，友達同士の考えをつなぎ合わせるようにする。

(3)　動作化させる

作業を行うとき「始め」の前に「よーい」と声をかけ，全員が構えるまで待つ（例えば鉛筆を高く持たせる）など，いっせいに動作化させる。それを徐々にリズミカルにしていく。

3．授業以外の日常的な働きかけ

朝の会で「話を最後まで聞く」「勝手に話さない」ための作戦を子どもたちから募り，1つを採用する。例：うるさくなったら，おしゃべり禁止マークをリーダーが出す。途中で茶々を入れるのではなく，うなずいたり，首を振ったりする。終わりの会でよかった点を中心に教師が評価。

Column

リレーション確立の基本

藤村　一夫

1．「教師と子どものリレーション」をリレーションの確立の低い学級で育てる

(1)　机間指導をしながら，個別に声をかける

一人一人に小さめの声で話しかけるのがよい。一緒に問題を解く，一緒に作品をつくるという姿勢で臨み，できたときに喜びを表現する。

(2)　失敗談などの自己開示をし，児童の失敗を共感的に受けとめる

「先生も小学校のとき，忘れ物が多くてね……」と失敗はだれにでもあることを前提に，例えば忘れ物が続くときには個別に「何か事情でもあるのかい？」と話し，共にいい作戦を考えるようにする。

(3)　一緒に楽しむ

ゲームの要素の強い活動をするときには，子どもに簡単なリーダーをさせ，教師自身がリーダーをサポートしながら，声を出してゲームを盛り上げる。その教師の励ましや盛り上げ方がモデルになる。

2．「子ども同士のリレーション」をリレーションの確立の低い学級で育てる

(1)　2人組の活動を取り入れる

主となる課題解決の場面や，まとめの感想の場面など隣同士で話し合ってもよい時間を設ける。ほんの1分程度でよい。安心感が出てくるはずである。

(2)　グループ討議で，どの子も話せるように，話し合いの仕方を身につける

管理的なルールばかりでなく友達とのかかわりを促進するためのルールを確立していく。例えば，

・机を合わせ，頭を寄せ合って話し合う。
・司会，記録，発表者を輪番制で決める。
・1人ずつ同じ程度の時間で考えを順番に出し合う。
・特にまとめることをせず，どんな考えが出たか発表する。

3．授業以外の日常的な働きかけ

「友達に声をかけた」「さりげなく消しゴムを貸した」など，ほんのちょっとした行動が，雰囲気を明るくしたり，学級生活のためになったりすることを「とてもうれしいことがありました……」と児童に紹介する。一人一人のよさを見つけるモデルに，教師がなることである。

Column
危機を救うプリント学習

藤村　一夫

●ルールとリレーションの低い学級で行うプリント学習

⑴　必修のプリントと自由なプリントを準備

１時間の授業の中で行うプリントは全員に配布する。内容は基礎・基本を重視したもので，全体の８割以上が一人で書き込める程度のものにする。このような学級においては学力差が大きい場合が多い。必修のプリントが終わって，もっとがんばりたい子のために自由に何枚でもやってもよいプリントを用意しておく。「基礎コース」「ゲームコース」「難問コース」など，いくつかのコースがあることを説明し，挑戦させるとよい。同僚にも呼びかけ，他の学年のプリントも多めに印刷してもらい，できるだけ多くのプリントをストックしておくような工夫が必要である。

⑵　教師のコメントを入れる

プリントの一部にあらかじめ教師のコメントを入れて印刷する方法がある。必修プリントに「昨日の学級生活を振り返って教師自身がうれしかったこと」「教師自身の小学校時代の思い出」などを書いて，教師と子どものリレーションを形成していく。初めは，２～３行程度の簡単なものでいい。徐々に児童の内面を揺さぶるような内容を書いていく。なかなか落ち着いてコミュニケーションをとれない状態である。文面にして教師の思いを書くというのは苦肉の策であるが，教師自身の振り返りにもなるであろう。

⑶　プリントはファイルにとじる

学習プリントは，学習した証である。掲示はせずに個人ごとのファイルにとじる。そのファイルが厚くなっていくことで，子どもたちに充実感や意欲をもたせることができる。掲示をしないのは，それがいたずらされることを防ぐばかりでなく，掲示をしたか，しないかによってますます劣等感を味わわせたくないからである。一人一人のペースに合わせてプリント学習をさせるのである。

●危機状態での授業以外での働きかけ

保護者との関係は重要である。学級通信は定期的に出すことを約束し，その中に授業内容を盛り込む。どんな活動をがんばったのか，些細なことでも取り上げる。確実に読んでもらうために毎週○曜日と決めて発行するのである。

第3章

ルール《規律》の確立が低い学級の授業

ルールの確立が低い学級

1.説明と練習

一斉説明型の授業

授業場面例 算数：全体に対する一斉説明

こんなとき，どうする!?

一人一人にていねいに手とり足とり指導するが，あちこちから「先生わかんない」「先生どうするの」と助けを求めてくる。それぞれの対応に追われ計画どおりに終わらないことが多く，学習内容も定着していない。

授業スキル活用の公式

遊び感覚でルールを唱えさせて定着させる。
ルール確認は繰り返し，パターン化させる。

やや低い学級は54ページへ　かなり低い学級は58ページへ

事例　説明と練習　算数「あわせていくつ　ふえるといくつ」１年

❶ 標準的な単元配当（６時間）

一次	加法の意味の理解と式表示（合併と増加）(本時)	２時間
二次	和が10以下の加法計算と習熟	３時間
三次	０を含む加法	１時間

式に表すことは，本単元で初めて扱うので，「算数ブロックの操作を十分に行ったうえで式」「式ができたらブロック」「その後に操作を言葉や文字で表す活動」と，ていねいに行うことが重要である。これらの授業は１年生の授業形式の基本ともいえる。

❷ 標準的な指導案

本　時　あわせていくつ（１時間目／一次）

ねらい　２つの数量の合併の場合について，加法の意味を理解する。
合併の場合について，式の表し方を理解する。

	学習活動と主な発問	留意点
導入	１．場面をとらえる。 ２．かごの中のボールの数を求める。 「かごに入るボールの数は，全部で何個でしょう」	・かごにボール２個とボール１個を入れる絵を見せる。 ・実際にボールとかごを使って活動し，合併の意味を理解させる。
展開	３．ブロックを使って場面を表す。 「お話をしながらブロックを使って動かしてみましょう」 ４．水槽の中の金魚の数を求める。 「金魚はみんなで何匹になりますか」 「お話をしながらブロックを使って動かしてみましょう」 ５．たし算の式を知る。 「『３と２を合わせると５になります』ということを３＋２＝５と書き，３たす２は５と読みます」 ６．たし算の理解を定着・深化する。 ・練習問題を解く。	・机の上にブロックを置き，２個と１個を合わせるように指示する。 ・水槽に金魚３匹と２匹を入れる絵を見せる。 ・「あわせて」「ぜんぶで」「みんなで」などの操作は，合併としてまとめられることを理解させる。
まとめ	７．学習を振り返りまとめをする。 ・合併を表す言葉をまとめる。 ・次時への意欲化を図る。	

ルールの確立がやや低い学級の場合

授業はこんな状態

子どもたちは，学習に対する意欲・態度に差があり，それぞれが自分のペースで学習している。算数ブロックを使うときは，操作の仕方や時間に大きな差が出る。早く終わった子は隣の子とおしゃべりをしだすなど，騒々しい状態になりがちである。

1　単元計画をどう変えるか？

①学習訓練を取り入れた計画を立て，学習習慣を確立する。

②一斉指導とプリント学習を中心にした授業で習熟を図る。

変更した単元の指導計画

一次	加法の意味の理解と式表示 （合併と増加）（本時）	3時間	ブロックの使い方，ノートへの書き方など基本的な学習習慣を一斉指導の中で行う。
二次	和が10以下の加法計算と習熟	2時間	一斉指導とプリントを中心とした個別学習を展開する。
三次	0を含む加法	1時間	

この学級では一斉指導の確立が急務である。今の状態で授業が展開されれば，子どもたちに好き勝手な行動が増え，最低限身につけなければならない学習習慣が確立せず，それによって学力差がますます開くことになっていくだろう。

そこで，「話す」「聞く」「作業する」というけじめがつくように学習訓練を踏まえた計画を立てる。標準の計画よりも一次の時間数を多くし，その中で基本的な学習の仕方を身につけるよう指導する。それを生かして二次では一斉指導とプリント学習を中心とした習熟を図るようにする。

授業の中に教師主導の一斉指導を位置づけ，教師の指示で全員が何をどのようにすればよいかがわかり，行動できるようにすることが大切である。

2　１時間の授業をどう展開するか？

⑴意欲を引き出す工夫（マイナスの循環を止める）

１年生の導入時期である。「先生のお話を聞こう」「先生の言うとおりにがんばったら，できた」という意識をもたせ，教師の主導で子どもの活動が行われるようにする。

構成スキル❶／リーダーシップの発揮レベル

教師のどんな指示にどう従うかを明確にして約束し，定着させる。「先生のお話を聞くとき」は「お話聞いて」と教師が話し，それに対応して「はい，どうぞ」と子どもがいっせいに答え，教師を見る。「発表するとき」は，教師が手を大きくあげて発問したら挙手する。「作業するとき」は，「始め」の合図で取りかかる。以上のように約束を決めて「聞く」「話す」「作業する」のけじめをつける。

構成スキル❹／授業進行のデザイン

教師主導で進める比重を多くし，子どもが勝手に動く場面を少なくする。この時間は算数ブロックなどの操作の仕方もルールとして覚えさせたい。個人差はあるが，できるかぎり全員ができるまで待ちたい。

⑵学級状態への対応（ルールの再形成）

子どもは教師に対してなれあい状態になっていて，少しくらいのことは許されるだろうととらえている場合が多い。また何がよくて何がいけないのか判断することもむずかしい段階である。例外を認めず，判断基準を明確にして指導することが大切である。

展開スキル－対応❸／注意

ルールから逸脱した場合，「いけません」と短く注意する。「どうしてそんなことをするの」「どうかしたの」と子どもに質問して対応することはしない。「いけないことはだめ」という毅然とした態度が教師には要求される。そして，やり直しをさせ，ほめてあげるという繰り返しがルールの再形成につながっていく。理屈ではなく行動を通して教えていくことを大切にしたいからである。

展開スキル－対応❷／賞賛

ルールがしっかり守れているときには，行動を具体的に取り上げて，にっこり笑ってあげる。１年生は言葉で説明するよりも教師の感情を表情で伝えていくことが効果的である。

一斉説明型の授業

3 授業案 …………………… ルールの確立がやや低い学級

説明と練習　算数「あわせていくつ　ふえるといくつ」1年

1 導入 （学習活動と教師の働きかけ）

授業の準備

1．授業の準備をする。

問題把握

2．教科書の拡大図を見せ，問題を把握させる。

「黒板の絵を見ましょう。だれとだれがいますか？何をしていますか？わかった人は手をあげて発表してください」

「しっかり立って言えましたね。最後に『～です』と言えましたね」

「では，かごに入るボールの数は，ぜんぶで何個でしょう。必ず手をあげて発表しましょう」

・かごの中のボールの数を求める

・「ボールの数は全部で5個です」

学習課題

3．学習課題を把握する。

「今日の課題は『あわせていくつになるか，考えよう』です。では，みんなも声をそろえて読んでください。さんはい」

（活用するスキルの解説）

指示　提示　机の上に準備するものを絵にかいて黒板に貼り出し，同じように準備させる。教師の指示が通りにくいので，言葉で説明しない。

リーダーシップの発揮レベル　準備ができたら「手はおひざ」をいっせいに唱えさせる。

提示　教科書を開かなくてすむように，拡大図を掲示する。

発問　発表の仕方を身につけるため，一問一答で，答え方に対応して発問する。

授業場面のデザイン　同じ答え方で2～3人に答えさせ，発表の仕方を身につけさせる。

賞賛　発表の仕方について笑顔でほめる。

発言の取り上げ方　勝手な発言は認めず，挙手による発表だけを取り上げる。

授業場面のデザイン　同じ言い方で2～3人に答えさせ，その後，いっせいに声をそろえて言わせる。

提示　課題を板書して教師が模範読みし，はっきりと声をそろえて読ませる。

2 展開 （学習活動と教師の働きかけ）

4．いっせいに作業させ，課題解決をする。

ブロックを使って場面を表す

「ボールの数を，ブロックを使って表してみましょう。まず黒板を見てください。先生がボールの絵の上にブロックを1つずつ置いてみます」

「黒板を見るときは『手はおひざ』でしたね」

「ではみんなも，教科書のボールの絵の上にブロックを置いてみましょう」

（活用するスキルの解説）

授業進行のデザイン　確実に学習習慣を全員に確立するためにいっせいに行う。

提示　黒板を使って教師が置いてみせる（子どもを前に出してやってもいい）。

指示　自分のブロックを触らせないようにするため，「手はおひざ」の約束を意識させる。

注意　勝手にブロックを動かしたり，ブロックで遊んだりした子どもには「いけません」と短く注意する。

ブロックで合併する

「次に，ブロックを動かして『あわせていくつになるか』を表してみましょう。『2個と，1個をあわせて，ぜんぶで3個です』」

「声に出して一緒に動かしてみましょう」

・黒板の左半分にボールの問題，下に「2と1をあわせると，3になります」と板書する。

授業場面のデザイン　教師がモデルを示し，次に教師と一緒に行う。そして子どもたちだけでやらせる。

水槽の中の金魚の数を求める

・ボールの場合と同じパターンで展開する。

・黒板の右半分に金魚の問題，下に「3と2をあわせると，5になります」と板書する。

時間・インターバルの設定　2回目なので少しリズミカルに行うことで飽きさせないようにする。

たし算の式を知る

5．たし算の表記方法を知り，練習をする。

「『3と2をあわせると5になります』ということを，『3たす2は5』と言います」

・「3たす2は5」と板書し，指示棒を使っていっせいに繰り返し，読ませる。

・3＋2＝5という表記を練習する。

「では，さっきのボールの問題も式に表してみましょう」

・「3＋2＝5」の問題と同じパターンでいっせいに読む，いっせいに書くという活動を行う。

提示　子どものノートと同じマス目の小黒板を用意し，ていねいにゆっくり書く。教師が書き終わってから，いっせいに書かせる。

3　まとめ　（学習活動と教師の働きかけ）

（活用するスキルの解説）

学習の振り返りとまとめ

6．学習内容・学習態度について振り返らせる。

・「あわせて」「ぜんぶで」「みんなで」というキーワードを黒板で振り返り，すべてたし算に表記できることを知る。

・全員で力を合わせて学習に取り組むことが大切なことを簡単に話す。

賞賛　みんなで，声をそろえて，学習に取り組んだことを大いにほめる。

活動の促進　特にルールを守ってがんばった子を2～3人あげ，具体的にどんな行動がよかったのか説明し，その行動を全員でその場でやらせ次時につなげる。

〈アレンジのポイント〉

基本的な「話す」「聞く」というルールを合図で確認させる。例えば，「教師が手をあげたときには子どもも挙手して話す」「指示棒を持ったときには，黙って聞く」などお決まりのことを一貫して行うことがルールの定着につながる。

ルールの確立がかなり低い学級の場合

授業はこんな状態

「先生わかんないよ」「先生早く教えて～」とあちこちから大声がする。担任は教室せましとかけずりまわるが，子どもたちは待つことに飽きて，ブロックを遊び道具にし，机の上も下もブロックや教科書が散乱している。しまいには，ブロックを投げ合っている子どもも出てきた。

1　単元計画をどう変えるか？

①最低限守らせるルールを繰り返し徹底するための時間をとる。

②プリント学習のスタイルを確立する。

変更した単元の指導計画

一次	加法の意味の理解と式表示（合併と増加）（本時）	4時間	教師の話の聞き方，ブロックの使い方，ノートへの書き方など基本的な学習習慣を一斉指導の中で行う。
二次	和が10以下の加法計算と習熟	2時間	一斉指導とプリントを中心とした個別学習を展開する。
三次	0を含む加法	1時間	

一人一人の子どもの学校生活のルールに対するとらえ方に大きなずれがあり，担任自身も何をルールとして徹底するのかはっきりしない状態である。

そこで，どの子にも最低限守らせるルールを繰り返し徹底させることが必要である。教師の話を聞かせるために，「先生を見て，黙ってお話を聞く」ことを確実に身につけさせつつ，一次では，算数で使う道具の約束と使い方の練習に時間をかける。二次ではプリント学習を中心に学習内容の定着を図る。この際，ティームティーチングを導入し「プリントが終わった子は口を閉じて順番に並んで丸付けをしてもらう」という習慣を形成する。単元計画は1時間増やし7時間扱いにする。

2　1時間の授業をどう展開するか？

(1)意欲を引き出す工夫（マイナスの循環を止める）

まだ，保育園や幼稚園の感覚が色濃く残っている子どもたちである。「これからむずかしい算数の勉強に入るよ。だから今までと違ったルールを守らなければならないよ」と気持ちを新たにするような場面が導入で必要になる。ここで身についた基本的なルールが大切な学習習慣の形成につながるので，あいまいにせず，例外を認めないように徹底する。

構成スキル❶ リーダーシップの発揮レベル

少し改まったていねいな言い方に直し，「今までとはちょっと違うな」と子どもに感じさせるようにする。

構成スキル❹ 授業進行のデザイン

教師主導で進める比重を多くする。初めは，一人一人の子どもの差が大きいので，待つ時間もある。しかし「友達を待つのもお勉強」という意識をもたせ，習慣づけることが大切である。「待ってる間○○してもいいよ」というあいまいな言い方はせず，全員で同じ行動をとらせるくらいの指導が必要である。

(2)学級状態への対応（ルールの再形成）

一斉指導が定着するために，ルールにそって行動している子どもを賞賛し，逸脱している子どもを注意するという基本的な指導を徹底する。

展開スキル―対応❸ 注意

注意は，首を横に振るなどのノンバーバルで行ったり，勝手な発言に対しては取り扱わないようにして消去していく。

展開スキル―対応❷ 賞賛

注意は短くその場で行うのに対して，賞賛は改まって全体の前で大げさなくらいにほめるようにする。モデルになりうる好ましい行動があれば，それを取り上げてほめ，学習習慣の確立を図る。

展開スキル―能動的❺ 活動の促進

「ほめる」「紹介する」「教師がモデルを示す」「時間を計る」など形を変えながら，ルールを守ろうという意欲を喚起する。

一斉説明型の授業

3 授業案 …………………… ルールの確立がかなり低い学級

説明と練習　算数「あわせていくつ　ふえるといくつ」1年

1 導入 （学習活動と教師の働きかけ）

（活用するスキルの解説）

1．授業の約束をする。

「算数の新しいお勉強に入ります。先生の話をよく聞いて，1回でわかるようにがんばりましょう。どうしてもわからないときは，手をあげて『もう一度お願いします』と言いましょう。さあ，いまのことは1回でわかりましたか？」

リーダーシップの発揮レベル　「今日の先生ちょっと違うな」と感じさせるくらい改まって話す。

授業の準備

2．授業の準備をする。

・拡大図は前節参照

「今，準備完了まで○分かかりました。これを30秒でできるかな？　一度しまって，もう一度挑戦してみましょう」

提示　拡大図を道具ごとに切っておき，一つ一つ確認しながら貼っていく。

活動の促進　準備が完了したら，定着させるためにもう一度やらせる。ストップウォッチを高く掲げ「よーい，はじめっ」でいっせいに始める。

賞賛　教師の話をよく聞いていた子，口を閉じて準備した子の名前をあげ，全員の前でほめる。

問題把握

3．教科書の拡大図を見せ，問題を把握させる。

「黒板の絵を見ましょう」

「だれとだれがいますか。手をあげるときには『はい』は1回だけ言います」

「何をしていますか」

「しっかり手が伸びていて気持ちがいいです」

「では，かごに入るボールの数は，ぜんぶで何個でしょう」

・かごの中のボールの数を求める

・「ボールの数は全部で5個です」

発問　指示　発問や指示は全体を見回し静かになったことを確認して。1回で済むようにはっきり話す。重文は避け，短文での発問にする。

注意　「はい，はい」とさわがしくする子には，しっかり目を見て首を横に振る。

活動の促進　挙手を徹底するために発問の後に教師が手をまっすぐにあげてモデルを示す。

賞賛　授業規律の確立のために，手のあげ方，姿勢など，好ましい行動を取り上げて短くほめる。

学習課題

4．学習課題を把握する。

「今日の課題は『あわせていくつになるか，考えよう』です。では，みなさんも声をそろえて読みましょう。さんはい」

提示　課題を板書して教師が模範読みし，はっきりと声をそろえて読ませる。教師も一緒に読む。

2 展開 （学習活動と教師の働きかけ）

（活用するスキルの解説）

5．いっせいに作業させ，課題解決をする。

ブロックを使って場面を表す

「ボールの数を，ブロックを使って表します」

「男の子のボールは何個ですか」

授業進行のデザイン　確実に学習習慣を全員に確立するためにいっせいに行う。個人差があると思われるが「待つことも勉強」であることを話し，勝手な行動はさせない。この際，ヘルパーの教

・作業のたびに発問をし，確認しながらブロックを置いていく。

「女の子のボールは何個ですか。『はい』と１回だけはっきり言った△△さん，黒板に置いてください」

「ではみなさんも，教科書のボールの絵の上にブロックを置いてみましょう」

師にも見てもらうことができれば効果的である。

活動の促進　ルールの確認は適宜行う。しっかり守れている子を指名し活動させることで，周りの児童にも意識づけをさせる。

注意　勝手にブロックを動かしたり，ブロックで遊んだりした児童には「いけません」と短く注意する。

ブロックで合併する

「次に，ブロックを動かして『あわせていくつになるか』を表します。初めに先生がするのをよく見ましょう」

「２個と，１個を合わせて，ぜんぶで３個です」

・ブロックを動かしながら話す。

「今度は先生と一緒に声に出してください」

時間・インターバルの設定　声に出させることを２～３回繰り返す。リズミカルに，だんだん速くなるように。間をあけず，むだ話ができないように。

「今度はみなさんが，声に出して一緒に動かしてみましょう」

・黒板の左半分にボールの問題，下に「２と１をあわせると，３になります」と板書する。

・全員が書き終わったら，３回いっせいに読ませる。

提示　子どものノートと同じマス目の小黒板を用意し，ていねいにゆっくり書く。教師が書き終わってから，いっせいに書かせる。

６．たし算の表記方法を知る。

たし算の式を知る

「『２と１をあわせると３になります』ということを，『２たす１は３』と言います」

「このことを２＋１＝３と書きます」

「では，２＋１＝３を全員で読みましょう」

３　まとめ　（学習活動と教師の働きかけ）

（活用するスキルの解説）

学習の振り返りとまとめ

７．学習内容・学習態度について振り返らせる。

「新しい記号が出てきて，むずかしかったと思いますが，先生のお話を１回でわかろうとがんばるお友達がたくさんいましたね。あしたは，次の絵にある金魚の問題を考えましょう」

賞賛　初めに約束したことを評価する。具体的にどんな場面でどんな行動がよかったか，個人名をあげてほめてもよい。

〈アレンジのポイント〉

基本的なルールに従って行動させると，子どもたちの中にさらに望ましい行動を示すことがある。例えば，「聞くときは話している人のほうを見る」という場合，「うなずいて聞く」「体を話している人のほうに向ける」などの発展的な行動である。それらの行動をした子どもの固有名詞を使って○○君方式と名づけることでルールを自らつくり，守っていくという意欲化を図る。

ルールの確立が低い学級

2. 技能の習得

表現創作型の授業

授業場面例 音楽：たてぶえ練習，ピアニカの練習，歌の練習
体育：サッカーのパスの練習，組体操

こんなとき，どうする!?

何度も説明をしなければならず，始まるまでに時間ばかりかかる。練習や活動を始めるとあちこちから似たような質問が飛んでくる。やり方や順番を守らなかったり，違うことをする子もいる。ふざけていたり，いい加減にやっているようで，ぜんぜん身につきそうもない。道具を壊したり，けがをしたりさせそうになる。

授業スキル活用の公式

指示や提示などを短く，活動の時間も短く。してはいけないことは前もって例示しておく。

やや低い学級は64ページへ　かなり低い学級は68ページへ

事例　技能の習得　　音楽「いい音えらんで」3年

❶ 標準的な単元配当（12時間）

一次	声や楽器の音色に気をつけて，合唱や合奏の工夫をする	4時間
二次	楽器の音色，音の高さや長さの違いに気づき，イメージに合う音を選んだり，組み合わせを工夫したりして演奏を楽しむ（本時）	6時間
三次	管楽器による音楽を聴き，楽器の音色や特徴を感じとったり，音楽の美しさを味わったりする	2時間

「試す時間」と「聴く時間」の切りかえとその配分が非常に重要となる。約束を楽しく守りながら，目的を明確にした活動時間を十分に与えたい。

❷ 標準的な指導案

本　時　音の特徴を調べよう（1時間目／二次）

ねらい　楽器の音色，音の高さや長さは，楽器の大きさ，たたく道具や奏法，たたく位置によって変化することに気づく。

	学習活動と主な発問	留意点
導入	1．長さの違う音板を2本提示し，音の高さを予想する。児童を指名し，実際にたたかせ，解答を確認する。 2．他の楽器でも試す。 3．まとめ「鍵盤が長くなると，音の高さは低くなる」	・他の木琴や鉄琴などの視覚的に音程が判別できる楽器をグループに一つずつ与え，試してみる。
展開	4．課題をつかむ。「他に楽器の秘密はないかな」 5．シンバルの残響時間を数える。木琴，鉄琴も同様に。 6．グループに一つずつトライアングルを渡し，たたき方，持ち方，たたく位置などを工夫させ，人と違った音を見つける。 7．木琴を異素材のマレット（ばち）で鳴らす。 8．トライアングルで，人と違った音を出す。	・木，ゴム，毛糸など異素材のマレット（ばち）を分別して箱に用意しておき，好きなものを選んで楽器を鳴らす。
まとめ	9．わかったことをまとめる。 ひみつ1「音の高さは，板の長さが長いと低くなり，短いと高くなる」 ひみつ2「楽器によって，音がのびる長さは違う」 ひみつ3「たたくものをかえると，音もかわる」 ひみつ4「たたき方やたたく位置によって，音はかわる」 10．学習を振り返る。	・試してわかったことをプリントにまとめる。 ・本時を振り返って，わかったことや楽しかったことを自分の言葉でまとめさせる。

ルールの確立がやや低い学級の場合

授業はこんな状態

歌や演奏をやめるとすぐにおしゃべり。フライングは多いし，合図をしてもすぐにやめない。音を鳴らしていい時間とそうでない時間のけじめがつかない。隠れておしゃべりをしたり，歌っているふりをする子もいる。「音色に気をつけて」「自分なりに工夫して表現しましょう」と語りかけても，子どもたちは関心をもたない。まじめに歌ったり大きな声で歌ったりする子は白い眼で見られ，ちゃかされる。

1　単元計画をどう変えるか？

①単元の導入は，それぞれの子がしっかり自分の声を出したり，一生懸命楽器の練習をしたりする時間と考え，まずは全員が音楽活動に参加することをめざす。

②本単元の二次は，音の微妙な違いに気づかせる学習なので，教師主導をメインに，児童の活動はポイントをしぼってテーマを与えるように配慮する。

変更した単元の指導計画

一次	声や楽器の音色に気をつけて，合唱や合奏をする	3時間	自分なりにしっかり歌う，一生懸命指を動かすなどの活動をできるようさせる。
二次	楽器の音色，音の高さや長さの違いに気づき組み合わせを工夫し演奏する（本時）	7時間	取り組み方を教えたら，個人で考える時間を十分に与える。迷ったときに自力解決できるような掲示物，学習カードを工夫する。
三次	木管楽器による音楽を聴き，楽器の音色や特徴を感じとる	2時間	できるだけ何度も聴かせる。

音楽の時間は，静と動の繰り返しで成り立つ。したがってルールを守れなかったり，まじめに取り組んでいる子を冷やかす児童がいたりすると，授業が成立しない。

しかしルールを徹底させてから学習に入ろうとすると，それには時間と根気を要するため児童も教師もイライラし，疲れ，意欲的な子もやる気が失せてしまう。そこで，まじめな子や意欲的に活動している子を見つけ，おおいにほめる。全体の歌声をまとめて評価できることも音楽の強みである。何人かができなくても，全体的によくなれば「学級がよくなった」と賞揚できるからである。注意は1時間に数回程度におさめたい。

2　1時間の授業をどう展開するか？

⑴意欲を引き出す工夫（マイナスの循環を止める）

「私はやらなくてもいい」「ぼくにわかるわけがない」という疎外感や苦手意識をもたせない。歌も楽器も，だれでもできる簡単なことからウォーミングアップを行い，できそうだ，挑戦しようという気持ちを喚起する。合図には素早く反応させる。指示は簡潔にする。それがむずかしいときは教師が実際にやってみせながら説明する。

構成スキル❶ リーダーシップの発揮レベル

合図は繰り返したり，大声を出したりせず，できるだけピアノなど楽器の美しい音で一度だけ行う。どの合図で何をするか，子どもたちと一緒に確認する。

構成スキル❹ 授業進行のデザイン

教師主導をメインとし，子どもの活動は約束をしっかり確認してから始める。

構成スキル❺ 時間・インターバルの設定

音を出して活動する時間を十分にとる。指示や提示などの静かにする時間はできるだけ短くする。順番を守って交代しながらする活動は，飽きずに有意義に取り組めるようにテンポよく進める。

⑵学級状態への対応（ルールの再形成）

約束を守れない子がいると，音色や残響の小さな変化を感じとる学習はむずかしい。合図に従えない子の注意に追われる授業では，やる気のある子もしだいに意欲を失う。ルールは教師と子どもで共に確認しながら決めていき，守れない子は見過ごさずに注意する。また，ルールを守ることが楽しい，守らないと損をすると子どもが感じるように，ゲーム性を加えながら教師も楽しむことが大切である。ルールの確認を事前にゲーム的に実施すると有効である。

展開スキル―能動的❷ 指示

この曲が鳴ったらこの活動，という約束を決める。あいさつ，停止，着席などの曲を決めておくと，イントロ当てクイズのように子どもたちは反応する。

展開スキル―対応❷ 賞賛

子どもたちのユニークな発想，小さながんばりも大いにほめる。ルールを守れたときは，守れると楽しい活動がたくさんできるね，と話しかけていく。

表現創作型の授業

3 授業案……………………ルールの確立がやや低い学級
技能の習得　音楽「いい音えらんで」３年

1　導入（学習活動と教師の働きかけ）

１．あいさつとウォーミングアップ。

あいさつ・ウォーミングアップ

・決められた始まりのあいさつの歌。リズム遊び（１人→２人組→３人以上）。続いて既習曲の歌唱。

課題をつかむ

２．音の高低を予想する。

「ここに２本の鍵盤があります。どちらが高い音が出るでしょうか」

「では実際にたたいてもらいましょう。やってみたい人はいませんか」

「どっちが高かったですか」

「今日は，楽器の秘密について探していきます。プリントを出してください。今の秘密を言葉にまとめると，どんなふうになるでしょう」

「【ひみつ１】音の長さは，板の長さが長いと［低く］なり，短いと［高く］なる」

（活用するスキルの解説）

リーダーシップの発揮レベル　声は出さない。ピアノで合図。

集団の雰囲気づくり　子どもたちの心理状況を読み，その日の状態に合ったものを選択する。

活動の促進　声のよいところを見つけてほめる。

発問　提示　授業に意識を向けるため，木琴から音板をゆっくり取り上げながら質問する。

授業進行のデザイン　答えは子どもを指名して実演させて確かめる。

活動の促進　音の高低の判断はできるが，音楽に苦手意識のある子を指名する。

賞賛　正しく判断できたことをほめる。

発問　提示　配付していたプリントを拡大した紙を黒板に貼る。

授業場面のデザイン　２～３人に答えさせ，その後，いっせいに声をそろえて言わせる。

※穴うめ問題なので［　］は空欄にしておく。

2　展開（学習活動と教師の働きかけ）

聴く・試す

３．残響の時間に着目する。

「他の秘密はないかな。これから，私が同じ強さでいろいろな楽器を鳴らしてみます。何か，気づいたことがあったら手をあげてください」

４．ひみつをプリントに書く。

「この秘密を，プリントに言葉でまとめてください」

「【ひみつ２】楽器によって，音がのびる［長さ］は違う」

５．ほかの秘密を探す。

「では今度は，自分で他の秘密を見つけてみましょう。やり方を説明します」

・５～６台の木琴や鉄琴に，異素材のマレット（ばち）を材質がわかるように示して置く。

「ジャンケンをして順番を決めてください。自分の順番がきたら，すべてのマレットで楽器を鳴らしてみましょう。どのマレットでどんな音が出るか，音を自分の言葉で表してみましょう。言葉が

（活用するスキルの解説）

発問　提示　シンバル，木琴，鉄琴などを使い，残響の違いがわかるように教師が何度か鳴らす。たたき始めるときは，もったいぶって子どもの注意を引きつけてから鳴らす。

発言の取り上げ　指名した子がうまく表現できなかったり，まとめられなかったりした場合は，教師が発言を整理する。

指示　提示　拡大プリントを提示して考えさせる。

活動の促進　机間指導して，自分なりの解答を書いている子をほめ，指名計画を立てる。

授業場面のデザイン　２～３人の答えを拡大プリントに書く。いっせいに声をそろえて言わせる。

授業場面のデザイン　どのグループがどの楽器で取り組むかを指示する。活動の時間を保障するため１グループ６人以内が望ましい。

指示　説明　教師がモデルを示す。

時間・インターバルの設定　一人一人の時間を計って合図する。

決まったら，プリントに書いてください。時間は1人30秒です。合図（『ドレミファソ』や『C』のコードなど）があったら次の人に代わってください。この曲が鳴ったら『やめ』の合図です。合図が鳴るまで，何度も繰り返しやってみましょう」

・30秒ごとに交代の合図。
・順番を守れない子をじっと見て目でやめるよう合図をしたり，名前を呼んだりする。
・1～2回呼んだりしてもルールを守らない場合には「3回名前を呼ばれた人は1回休み」など，みんなで決めた新ルールを加える。
・ピアノでやめの合図。

6．試してわかったことをまとめる。

「それぞれの音を発表してください」

・木，ゴム，毛糸，プラスチックの音を発表させ，黒板に書く。

「このことからわかる秘密は何かな」

「【ひみつ3】 たたくものをかえる と音もかわる」

授業場面のデザイン　2～3人に答えさせ，その後，いっせいに声をそろえて言わせる。

学習評価の目安　「少なくとも3つは」など，どの子もできそうな量を目標にする。

指示　合図を決めて，一つ一つ約束をする。

集団の雰囲気づくり　子どもの出した音を一緒に集中して聴く。擬音語を書いている子には，「なるほど！」等の声をかける。順番を守っているか，一生懸命聴いているかなど観察して歩く。

賞賛　合図に素早く応じた子やグループをほめる。

注意　ルール違反は見過ごさずに，事実を指摘して注意する。好ましい行動変容があった場合は，すかさずにっこりとうなずく。

指示　挙手で発表させる。活動中に，指名計画を立てる。

提示　この場合は「マレット（ばち）」「道具」など人それぞれの表現でいいことを確認し，拡大プリントに書いていく。

授業場面のデザイン　いっせいに声をそろえて言わせる。

3　まとめ　（学習活動と教師の働きかけ）

（活用するスキルの解説）

学習のまとめ

7．学習を振り返る。

「今日の学習を振り返って，わかったこと，びっくりしたことや楽しかったことを書いてください。時間は3分です」

・本時の内容にかかわるもの，自分を振り返っているもの，友達とのかかわりについての感想を紹介する。

指示　何を書くのか迷わないようにわかりやすく簡潔に。具体例を出すのもよい。

時間・インターバルの設定　言った時間はきちんと守る。ダラダラと延ばすとそれがあたりまえとなってしまい，時間を気にしない，ぼんやりしていても間に合うというだらしなさを生む。

賞賛　合図や順番を守って活動できたこと，真剣に学習に取り組んだことを大いにほめる。

自己開示　うれしかった行動や悲しかった場面など，教師の感想を話す。ルールを守ってがんばった子，ねらいに迫る活動や発言をした子を2～3人あげ，具体的にどんな行動がよかったのか説明し，次時の意欲につなげたい。

〈アレンジのポイント〉

「試す時間」を十分に保障することで，けじめをつけた活動の必要性を感じさせる。学習プリントは子どもの思考速度の違いを調整できる部分（できれば記入しよう，という余裕）があるとよい。

ルールの確立がかなり低い学級の場合

授業はこんな状態

音楽室に入ってくると所定の席に座らずにうろうろする子，勝手に自分の好きな友達の隣に席を変えている子がいる。歌を歌わない，またはふざけて歌う。歌い終わるとすぐに大声でしゃべる。教師が話しだすと楽器を鳴らす。楽器の練習は，初めはフライングし，「やめ」の合図をしてもすぐにやめることができないだけでなく，真剣に課題に取り組まず，仲よしの友人の近くへ移動したがり，知っている曲やCMソングなどを吹いて笑っている。

1　単元計画をどう変えるか？

①単元の導入は，全員が以前の自分より高まることを目標とし，そのためのルールの必要性を説きながら，まずは自分を知ることをめざす。

②どこの場面で何がよくなったか，こまめにほめて自覚させる。

③二次は音の微妙な違いに気づかせる学習なので，指示を簡潔に出して活動時間を十分にとる。小グループごとに教師がていねいに指導し，一人一人の伸びを具体的に賞揚する。

変更した単元の指導計画

一次	声や楽器を正しい音程，運指に気をつけて，合唱や合奏をする	4時間	自分の声を出す，一生懸命指を動かすなどの活動をできるようにさせる。
二次	楽器の音色，音の高さや長さの違いに気づき，組み合わせを工夫した演奏を鑑賞する（本時）	6時間	取り組み方を教えたら，個人で考える時間を十分に与える。迷ったときに自力解決できるような掲示物，学習カードを工夫する。
三次	木管楽器による音楽を聴き，楽器の音色や特徴を感じとる	2時間	できるだけ何度も聴かせる。

音楽の時間は開放的な気分になるものである。ルールを徹底させようとあせると，1時間が注意だらけで終わり，児童も教師もストレスがたまる。そこで少々のはみだしには目をつぶり，まじめな子や意欲的に活動している子に注目し，授業の流れをつくっていく。それらの活動が故意に妨げられた場合には，毅然と注意する。「まじめにやると楽しい」という雰囲気が生まれれば，真剣に取り組む子が一人また一人と増え，いつまでもじゃまする子，はみだす子が逆に目立ってくる。「まじめにやることがかっこいい」という雰囲気をつくるよう，がんばっている子が認められるように賞賛や活躍の場を意識的に設ける。

2　1時間の授業をどう展開するか？

⑴意欲を引き出す工夫（マイナスの循環を止める）

だれでもできる簡単なリズム遊びなどのウォーミングアップを毎時間行い，面白そうだ，やってみようかなという気持ちを引き出す。真剣に取り組んでいる子をちゃかしたり，授業を妨害するような行動・言動はその場で，なぜいけないのか説明してやめさせる。活動の流れをテンポよく行い，ふざける隙を与えない。

構成スキル❶／リーダーシップの発揮レベル

合図を確認し一緒に何度か練習する。望ましい行動と望ましくない行動のモデルを示して，活動に取り組ませる。望ましくない行動はくどくない程度に説得的に教示する。

構成スキル❷／学習評価の目安

何ができれば技能が上がったことになるのか，話したり提示したりして自分に置きかえさせ，一人一人明確にする。

構成スキル❺／時間・インターバルの設定

指示や提示は簡潔に。個人練習等の時間を十分にとる。小グループをていねいに指導して歩く。順番を守り交代して行う活動は，全員が取り組めるようテンポよく進める。

⑵学級状態への対応（ルールの再形成）

この状態で，音色や残響の小さな変化を感じとる学習はむずかしい。授業を始める体制が整わないうちに，ふざける子に振り回され，真剣にやる子が減っていく。ルールは教師が約束として初めに提示し，守れない子には説得的に注意し，ルール破りの蔓延を防ぐ。

展開スキル－能動的❶／発問

発問はわかりやすく，子どもたちの意欲を喚起する言葉を選ぶ。抽象的な言葉やイメージしにくい言葉は避ける。事前にカードに書いておき，それを貼って発問する。

展開スキル－対応❷／賞賛

まじめにやっている子の行動を具体的にほめる。ふざけている子も，その発想や技能について，いいところをほめて活躍の場を与え，建設的な方向に導く。

展開スキル－対応❹／集団の雰囲気づくり

教師が音楽を楽しむ。子どもたちの中でも楽しそうにしている子をさらにのせ，恥ずかしがっている子を引き込んでいく。

表現創作型の授業

3 授業案 …………………… ルールの確立がかなり低い学級
技能の習得　音楽「いい音えらんで」３年

１　導入（学習活動と教師の働きかけ）

１．あいさつとウォーミングアップをする。
・決められた始まりのあいさつの歌。リズム遊び（１人→２人組）。続いて既習曲の歌唱。

課題をつかむ

２．音の高低を予想する。
「ここに２本の鍵盤があります。どちらが高い音が出るでしょうか」
・「そんなの簡単だ～」などの発言は聞き流す。
「予想してみましょう。長いほうが高い音が出ると思う人は，手をあげてください」
「では実際にたたいてもらいましょう。やってみたい人はいませんか」
・立ち歩きをしていた子が関心を示した場合はその子を指名する。
「どっちが高かったですか？」
「よくできました。他の楽器はどうでしょうか」
・まじめな態度で参加している子を指名して他の鉄琴や木琴をたたいてもらい確かめる。
「今日はこんなふうに楽器の秘密を探していきます。プリントを出してください。今の秘密を言葉にまとめると，どうなりますか」
「【ひみつ１】音の長さは，板の長さが長いと［低く］なり，短いと［高く］なる」

（活用するスキルの解説）

リーダーシップの発揮レベル　声は出さない。ピアノで合図。

集団の雰囲気づくり　子どもたちの心理状況を読み，その日の状態に合ったものを選択する。

発問　提示　授業に意識を向けるため，木琴から音板をゆっくり取り上げながら質問する（発問は板書する）。

授業進行のデザイン　答えは，子どもを指名して実演させて確かめる。

活動の促進　普段あまり指示に従わない子が発言すると，全員が注目するうえ，本人も本時の活動に興味が湧く場合が多い。

賞賛　正しく判断できたことをほめる。

集団の雰囲気づくり　純粋に音楽を楽しめる児童を活躍させ，授業への抵抗感を軽減する。

発問　提示　プリントを拡大した紙を黒板に貼る。

授業場面のデザイン　２～３人に答えさせ，拡大プリントに解答を書く。いっせいに声をそろえて言わせる。

※穴うめ問題なので［　　］の中は空欄にしておく。

２　展開（学習活動と教師の働きかけ）

聴く・試す

３．残響の時間に着目させる。
「これから同じ強さでいろいろな楽器を鳴らします。気づいたことは手をあげて発表してください。鳴らしてみたい人はいませんか」
・楽器の数だけ指名し，一人ずつたたかせて違いを聞きとる。
「何か気づいた人はいますか」

４．ひみつをプリントに書く。
「この秘密を，プリントに言葉でまとめてください」
「【ひみつ２】楽器によって，音がのびる［長さ］は違う」

（活用するスキルの解説）

発問　提示　シンバル，木琴，鉄琴などを代表の子どもにたたかせ，残響の違いを聴く。それぞれの楽器に一人ずつ担当の子どもを決め，皆の注意を引きつけてから鳴らさせる。

発言の取り上げ　うまく表現できなかったり，まとめられなかった場合は，教師が発言を整理。

賞賛　言葉足らずでも積極的に発言したことをほめる。

指示　提示　拡大プリントを提示し考えさせる。

活動の促進　机間指導して，自分なりの回答を書いている子をほめ，指名計画を立てる。

授業場面のデザイン　２～３人に答えさせプリントに書く。いっせいに声をそろえて言わせる。

５．ほかの秘密を探す。

「では今度は，自分でほかの秘密を見つけてみましょう。やり方を説明します」

・５～６台の木琴や鉄琴に，異素材のマレットを材質がわかるように表示して置いておく。

「６人１組です。グループでジャンケンをして，順番を決めます」

・できるだけ同じ強さで，すべてのマレットで鳴らす。マレットをかえ「ほわんほわん」「ポンポン」「カツカツ」など擬音語に表しながら，よく聴いて考えているジェスチャーをしてみせる。

授業場面のデザイン　どのグループがどの楽器で取り組むかを指示する。活動の時間を保障するため１グループ６人以内が望ましい。

指示　説明　教師がモデルを示す。

「時間は１人30秒です。合図があったら次の人に交代です。『やめ』の合図が鳴るまで，何度も繰り返しやってみましょう。秘密を見つけた人は，それをプリントに書いてみましょう。ルールを守れず，私に注意された人や友達に迷惑をかけた人は１回休みとします。では始め」

・30秒ごとに交代の合図。

・ピアノでやめの合図。

時間・インターバルの設定　一人一人の時間を計って合図する。

学習評価の目安　何を見つけて，何を書けばいいのかを示す。

集団の雰囲気づくり　子どもの出している音を教師が一緒に集中して聴く。順番を守っているか，一生懸命聴いているかなど観察して歩く。

集団の雰囲気づくり　ルールを守らないと困る活動だとして，ふざけへのペナルティを決める。

試してわかったことのまとめ

６．試してわかったことをまとめる。

「それぞれどんな音がしたか説明してください」

・反応を見ながら発表させる。「木はかたい音，毛糸はやわらかい音」なども発表させたい。

「このことからわかる秘密は何でしょうか」

「【ひみつ３】 たたくものをかえる と音もかわる」

賞賛　素早く反応した子やグループをほめる。

指示　挙手または指名して発表させる。活動中に指名計画を立てておく。

発言の取り上げ　うまく表現できない場合には補ってまとめてあげる。

提示　この場合は，それぞれの表現でいいことを確認し，拡大プリントに書いていく。

授業場面のデザイン　声をそろえて言わせる。

３　まとめ（学習活動と教師の働きかけ）

（活用するスキルの解説）

学習のまとめ

７．学習を振り返る。

「今日の学習を振り返って，わかったこと，びっくりしたことや楽しかったことを書いてください。時間は４分です」

・今日見つけた楽器の秘密を３つ板書で確認し，今日の学習を振り返って感想を書かせる。

・本時の内容にかかわるもの，自分を振り返っているもの，友達とのかかわりについての感想を紹介する。

・教師の感想を伝える。

時間・インターバルの設定　言った時間はきちんと守る。延ばすとそれがあたりまえとなり，時間を気にしないだらしなさを生む。

賞賛　合図や順番を守って活動できたこと，真剣に学習に取り組んだことを大いにほめる。

活動の促進　内容の違う感想を３～４人発表させ，学習の深まりやルールを守るよさなどを振り返って次時の活動につなげる。

自己開示　うれしかった行動や悲しかった場面など，教師の感想を話す。ルールを守ってがんばった子，ねらいに迫る活動や発言をした子をあげ，よい行動を具体的に説明する。

ルールの確立が低い学級

3. 実験

問題解決型の授業

授業場面例 理科：実験，観察
家庭：実習

こんなとき，どうする!?

自分勝手な子どもが活動を独占したり，ほかの子どもの活動のじゃまをしたりする。活動が始まっても，指示したとおりの活動ではなく，まったくいいかげんな活動をしている。そのせいで事故の危険性もある。予想や実験結果のまとめをする場合にも話合いが成立しない。活動の分担が自分たちでできない。

授業スキル活用の公式

グループサイズは小さく。活動するときのルールを明確にする。実験技能も教える。

やや低い学級は74ページへ　かなり低い学級は78ページへ

事例　実験　　理科「水溶液の性質とはたらき」6年

❶ 標準的な単元配当（10時間）

一次	水溶液には何が溶けているか（本時）	2時間
二次	水溶液にはどんななかまがあるか	3時間
三次	金属を水溶液に入れるとどうなるか	5時間

理科の実験や観察で扱う科学的事象は，そのものが魅力的であり面白い。人任せにせず，積極的にかかわってこそ自分なりの発見の喜びや学ぶ楽しさを体感できる。

そこで，高学年の理科における一般的な流れである「課題→予想→方法→実験→考察→まとめ」という一連の課題解決学習のパターンを繰り返すことができるか，課題解決のために知識や技能を生かすことができるかが，授業のカギである。

❷ 標準的な指導案

本　時　水溶液には何が溶けているか（1時間目／一次）

ねらい　水溶液には，気体や固体が溶けているものがあることを調べる。

	学習活動と主な発問	留意点
導入	1．透明な5種類の水溶液とその名前を提示。 「それぞれの水溶液には，どんなものが溶けているのだろうか」 2．薬品を扱うときに気をつけることを聞く。 3．本時の課題を設定する。 「それぞれの水溶液に溶けているものを予想しよう。溶けているものは何か調べよう」	・塩酸，炭酸水，食塩水，石灰水，アンモニア水の水溶液の名前を板書し紹介。 ・視覚や嗅覚など五感での予想を促す。ただし危険があるので，直接的な接触はしてはいけないことを指導する。 ・においをかぐときは，直接かがずに手であおぐようにしてかぐよう指導する。
展開	4．それぞれの水溶液の様子を観察する。 5．観察してわかったことを表に記録する。 6．それぞれの水溶液に溶けているものは何かを予想して，実験の方法を話し合う。 7．5学年のときの学習内容を生かして，水溶液を熱して蒸発させ，蒸発させたときのにおいと何が出てくるかを観察する。 8．水溶液ごとに蒸発させた結果を表に記録する。	・グループで話し合い，見た様子やにおいについて表にして記録するよう助言する。 ・5学年のときの「もののとけ方」の学習内容，食塩などは溶けていたものが水を蒸発させると出てきたことを想起させる。 ・窓を開けるなど，換気に十分留意する。 ・出てきたものだけでなく，熱しているときのにおいにも気をつけるよう助言する。
まとめ	9．次時はこの結果をもとに水溶液に溶けているものについてまとめることを予告する。	・記録した表を見ながら，なかま分けできないか問いかける。

ルールの確立がやや低い学級の場合

授業はこんな状態

授業中に飽きてくると私語や手遊びをしたり，後ろを見たりする子どもが現れ，授業の盛り上がりが欠けることもたびたびである。学習に対する取組みにも差が目立つようになっている。グループでの活動では，仲のよいもの同士は協力できるが，そうでないと共同活動するまでの時間がかかり，活動量も深まりもたりない状況である。よって無作為なグループでの実験や観察はむずかしい。

1　単元計画をどう変えるか？

①導入では，教師主導で実験の際のルールや実験技能を教える。

②グループ活動の割合を少しずつ増やし，ルールを守ったほうが効率的かつ的確な結果が得られ楽しいことを体感させる。

変更した単元の指導計画

一次	水溶液に溶けているものを推理しよう（本時）	2時間	実験する際のルールを再確認するとともに，新しい実験技能もルールとして教える。その際には，教師主導の一斉授業からグループでの活動の比率を増やしながら行う。
二次	水溶液にはどんななかまがあるか	3時間	一次でルールの確立がみられれば，新しい技術の獲得は一斉指導で行い，それを用いて実験する場面では個人あるいはグループでそれを生かした活動となる展開とする。
三次	金属を水溶液に入れるとどうなるか	5時間	事象提示から課題を把握するところも子どもの話し合いをもとに進められるようにしたい。便宜的なグループから，目的に合った(解決方法別等)グループをつくらせたり，実験結果をもとに考察したりする場面でもグループ内でのかかわりを多くもたせたい。

ルールを守る心地よさや便利さがないがしろになりつつある。ルールを守ったほうが効率的かつ的確な結果が得られて楽しいことを体感させるために，教師主導で技能的なことから教えていく。ただし子ども同士のかかわりの中で教師が助言できる展開も入れ込む。

2　1時間の授業をどう展開するか？

(1)意欲を引き出す工夫（マイナスの循環を止める）

「どちらでもいいですよ」「好きなようにやってみて」という教師の言葉が，学級内にルールをないがしろにしている子どもを増やしているものと考えられる。そこで，決められたことを実行することで，整然とした気持ちよさや，やりやすさを体感させる。

構成スキル❶／リーダーシップの発揮レベル

子どもの活動について，基本的に全員が実施すべきことは明確な指示を出し，全員が同じ活動をやりきるように説得的リーダーシップをとる。

構成スキル❹／授業進行のデザイン

教師主導の授業展開を行う。その中で，子ども中心の活動が許せる場面では，ルールを設定し子ども中心の活動も取り入れる。

構成スキル❺／時間・インターバルの設定

子どもの活動に飽きがこないように，演示実験をテンポよく行ったり，見る，聞く，実験するというように活動に変化をもたせる。

展開スキル－能動的❷／指示

子どもの活動すべき内容を短くわかりやすく指示をする。そのことにより全員が同じ活動をやりきれるようにする。

(2)学級状態への対応（ルールの再形成）

実験の約束事を守ることで正確さや安全が保たれることを体感することを通してルールを守る大切さを教える。

構成スキル❸／授業場面のデザイン

子どもの活動の中に簡単なグループ活動を取り入れ，その中で活動する者・援助する者の役割を与え，互いに助け合うことで実験が成功する体験をさせる。

展開スキル－対応❹／集団の雰囲気づくり

グループによる活動の際には，机間指導を行い，ルールの徹底やルールが守られているグループを賞賛するなどし，ルールを守ることで活動がうまくいくことを体感させる。

問題解決型の授業

3 授業案 …………………… ルールの確立がやや低い学級

実験　理科「水溶液の性質のはたらき」6年

1 導入（学習活動と教師の働きかけ）（活用するスキルの解説）

動機づけ

1．①～⑤の番号を付けた透明な容器に5種類の水溶液を入れて提示する。

「ここに何かが溶けている5種類の透明な液体があります。何が溶けているかというと（黒板にカードを貼る）塩酸，炭酸，食塩，石灰，アンモニアというものがそれぞれ水に溶けています」

・やり取りをしながら，食塩，石灰は既習事項，炭酸はなじみがあると考えられるが，未知のものも含まれていることを明らかにする。

提示　興味をもたせるために，同じように見える透明な液体に番号を付け，提示する。

授業進行のデザイン　教師主導でカード等を用いて実験内容を端的に提示することで，授業始めのざわつきを切りかえる。

発言の取り上げ　ブレーンストーミング風に発言をさせ，それを既習事項と関連させ，教師主導でまとめていく。

リーダーシップの発揮レベル　明確な指示を簡潔に行う。

課題設定

2．課題を把握させる。

「さて，どれがどの水溶液なのでしょうか？　今日は何番がどの水溶液なのかをみなさんに推理してもらいます」

・課題「①～⑤は何が溶けた水溶液なのかを調べよう」と板書し，ワークシートを配り記入させる。

発問　「推理」という言葉を使い，発見をする学習だということを方向づける。

時間・インターバルの設定　すぐにでも調べたいという意欲を大切にしつつも，落ち着いて学習する環境を整えるため，ワークシートに取り組ませることで，ひと呼吸おく。

2 展開（学習活動と教師の働きかけ）（活用するスキルの解説）

予想

3．実験を準備し，予想を立てる。

「今から推理するためのヒントを見つけてもらいます。この5種類の水溶液を試験管に分けるので，班ごとに持っていき，グループ全員が見やすい場所に置きましょう」

・グループ活動が特定の子だけで行われることがないようそれぞれに役割を与える。

授業場面のデザイン　座席は生活班や学習班など5～6人で比較的活動しやすいグループにする。

指示　全員が見やすい場所を意識させることで，集団でのルールやマナーを考えるきっかけとする。

指示　役割分担や発言がスムーズにいかない場合には座席に番号を決めておき，「何番の人，取りに来てください」と言うようにする。

個人実験

4．予想に基づき実験をする。

「推理のヒントは，『見た様子』『におい』（板書）の2つです。見つけたことはワークシートに記入しておきます。調べるときに気をつけることが2つあります。そこに気をつけて調べてみましょう。時間は5分です」

・時間を決め，その中でグループのどの子どもも順番に調べることができるよう，必要なグループには声をかける。

指示　観察すべきことを絞り，すべきことを明確にする。

授業場面のデザイン　座席はグループごとではあるが，活動は個々人でさせることにより，一人一人が責任をもって活動をさせる。

時間・インターバルの設定　「そろそろ2本目！」と声をかける。

集団の雰囲気づくり　グループ活動が円滑に流れるように机間指導をし，教師主導によりグループで活動を分担する雰囲気をつくる。

「見た様子はどうでしたか」

・①番から順に，発言を促す。

「では，においはどうでしたか」

・視点を変えた発言をさせる。

「ここで1回目の推理タイムです！　何番がどの水溶液かグループで推理してみましょう（ワークシートへ記入）。時間は1分です。推理できるものだけでいいですよ」

・においがある塩酸とアンモニアの水溶液をこの時点で推理できる子どももいると思われる。多数でない場合でも推理の根拠を聞き，経験などから述べられれば，すばらしいと賞賛する。

「みんなの意見は③番が炭酸水ということは同じようですね。実は，炭酸は二酸化炭素のことです。この泡が二酸化炭素かどうか確かめれば，これは炭酸水に決定できます。どうしたらいいかな？」

グループでの検証実験

5．検証のための実験をする。

「ではグループごとに③番から出る気体を集めて石灰水に入れてみよう」

・実験の前に，石灰水を注ぐ役の子どもをグループごとに決めさせ，手をあげさせて確認をする。決め方は子どもの実態に応じて教師が決める。

「やはり③番の泡は二酸化炭素でしたね。ということは二酸化炭素（気体）は水に溶けるのですね。では確かめてみましょう」

・ペットボトルを使った教師の演示実験

「さて，今の実験の結果を使うと逆にもうひとつ推理できるものがあるのですが，わかるかな？」

「そうです。○○さんの言うとおり他の番号の液に二酸化炭素を入れてみます。①番の液が白くにごったので①番が石灰水ということになるね」

発言の取り上げ　発言する内容を限定し，思考をぶれさせない。

活動の促進　体験から思考に活動を切りかえることで，授業にテンポをもたせ，活動への意欲を維持する。

賞賛　授業内容にそった発言をしている子どもには全体の場で惜しみなく賞賛を与え，授業に向かう雰囲気をつくる。

説明　二酸化炭素が石灰水を白濁させることは既習事項であるが，忘れている子どももいることが考えられることから，スモールステップで説明する。

授業場面のデザイン　グループによる活動も取り入れ，ルールのある中で集団での活動をする体験もさせる。

提示　ペットボトルがへこむというダイナミックな実験を見せることで，既習事項を印象づける。

発問　印象的な演示実験を思考に直結させるために，時間をおかず発問する。

3　まとめ　（学習活動と教師の働きかけ）

（活用するスキルの解説）

学習事項のまとめ

6．次時の予告をする。

「まだ中身がわからない液体が3つあるね。これらは，次の時間に他の方法で調べて推理していきましょう」

活動の促進　課題を残すことにより，次時への意欲づけを行う。

〈アレンジのポイント〉

グループごとの自由な探索的実験がむずかしいので，グループ隊形で座ったとしても，実験自体は個人実験を主体とする。グループ実験は簡単なものだけとする。また，個人実験をスムーズにするためのルールも設定し，ルールを守ることで気持ちよく実験ができることを体感させる。

ルールの確立がかなり低い学級の場合

授業はこんな状態

授業中の私語がひどく，立ち歩きや，離れた席同士で大きな声で会話するなど，逸脱行動が見られる。教師の言うことを素直に聞けない子どもたちが多い。授業の進度も遅れがちで，落ち着いて学習に取り組めない状態。実験や観察をする際のルールもなかなか守れない。

学級内には小集団がいくつも見られ，グループ同士の対立もたびたびある。そのため，学級全体で活動できないことがあり，グループでの活動はむずかしい。

1　単元計画をどう変えるか？

①教師主導の授業展開で，具体的で小さな課題を，個々に活動させる。

②単元の指導時間を増やし，実験・観察の一般的な学習パターンを定着させる。

変更した単元の指導計画

一次	水溶液に溶けているものを推理しよう（本時）	2時間	グループ活動が成り立ちにくい状況なので，まずは個々に学び方のルールを意識させるよう教師主導で単元の見通しをもたせる。
二次	金属を水溶液に入れるとどうなるか	5時間	教師主導での課題解決学習のパターンにそった単発の実験を複数設定しグループでの活動で意識させる。
三次	水溶液にはどんななかまがあるか	4時間	リトマス紙の使い方など新しい技能を獲得していく過程や発展を扱うなかで，「いっせい→グループ」を繰り返し，学び方のルールの定着をめざす。

授業が成立しづらい学級なので，教師主導によってハードルの低い課題を具体的に設定し個々に行動させる。また，その中で決められたことを実行すると，実験が成功し効率的かつ安全であることも体感させる。

また，実験・観察の一般的なパターンである，「課題→予想→方法→実験→考察→まとめ」という一連の課題解決学習のパターンを定着させるために，単元の指導時間を増やし，その練習をさせる展開をする。

2 1時間の授業をどう展開するか？

(1)意欲を引き出す工夫（マイナスの循環を止める）

学習を進めるうえで，つまらなくなるとちょっかいをかける子どもや，やりたいことを自分で独占する子どもがいるため，まじめに取り組みたい子どもが萎縮している状態が考えられる。そこで，すべての子どもが実験を行える環境を整え，学習に向かえるように展開をする。

構成スキル❸ 授業場面のデザイン

個々の学習場面を保証するために，ワークシートを一人一人に書かせる。

構成スキル❺ 時間・インターバルの設定

飽きやすい子どもに対応するために，説明・作業・指示等の時間を極力短くするとともに，変化が明確な演示実験も取り入れ，展開をテンポよく行う。それにより授業と関係ないことをする時間をつくらない。

展開スキル－能動的❷ 指示

実験時の安全を確保するために，禁止事項を明確に指示をする。

展開スキル－能動的❺ 活動の促進

集中力を欠いたり学力が未定着であったりする子どもに対応するために，シミュレーション的展開，推理小説的展開とし，授業に対する意欲を喚起する。

(2)学級状態への対応（ルールの再形成）

「実験をするため」「実験を成功させる」という名目のもと，ルールを設定し，それを守ることで楽しく正確に実験できる展開とする。

構成スキル❶ リーダーシップの発揮レベル

ルールを守ることで，実験がうまくいくことや効率的にできることを体感させ，それを教示的に理解させる。

構成スキル❹ 授業進行のデザイン

教師主導の中に自分たちで簡単なルールを決めさせる場面をつくり，自分たちで決めたルールを自分たちで守りながら実験をする体験をさせる。

展開スキル－能動的❸ 説明

実験を成功させるためという名目で，明確かつ的確な説明をし，行動すべきことや行ってはいけないことも明らかにする。

問題解決型の授業

3 授業案……………………ルールの確立がかなり低い学級
実験　理科「水溶液の性質とはたらき」6年

1 導入 （学習活動と教師の働きかけ）

授業に入る

1．①〜⑤の番号を付けた透明な容器に，5種類の水溶液を入れて，危険そうなそぶりをしながら，無言で提示する。

「ここに何かが溶けている秘密の5つの液体があります。透明に見えますが，5つとも水に何かが溶けています。何が溶けていると思いますか？」

・子どもからの答えがなかったり，「知らない」「わからな〜い」などの否定的な意見が出ても，受け流し次の発問につなげる。

「では，もう教えてしまいましょう。何が溶けているかというと（黒板にカードを貼り，実物を見せながら），塩酸，炭酸，食塩，石灰，アンモニアというものがそれぞれ水に溶けています」

・未知のものの中には危険なものもあるので，どれがどの水溶液かわからない段階で手につけたりなめたりしてはいけないことを話す。

課題設定

2．課題を把握させる。

「さて，どれがどの水溶液なのでしょうか？　今日は何番がどの水溶液なのかを，一人一人に推理してもらいます」

・課題を板書し，ワークシートに記入させる。

（活用するスキルの解説）

提示　興味を引きつけるために，オーバーアクションでありながら無言で，同じように見える透明な液体に番号を付け，提示する。

発問　秘密の液体というネーミングで子どもの興味を引きつける。

発言の取り上げ　興味喚起の発問への反応であることから，子どもの心的状況の把握とし，否定的な反応は，ある程度興味があると判断し受け流す。

説明　カードと実物を用意することにより，注意を向けさせるとともに，未知の物質への理解を助ける。

指示　勝手な行動をとる子どもがいることが考えられることから，事前に危険性を前面に出し，行動の規制をする。

授業場面のデザイン　共通の課題を設定するが，グループでの活動はむずかしいことから，個人での実験を行う。また，個人の作業がスムーズにいくようにワークシートを用意する。

2 展開 （学習活動と教師の働きかけ）

予想

3．ワークシートに記入しイメージをもたせる。

「今から推理するためのヒントをみなさんと話し合いながら黒板に書いていきます。みなさんはワークシートに書きましょう」

・子どもが思考を視覚的に整理できるようワークシートと同じ表を板書していく。

・ワークシート記入後，グループごとに小さなプラスチック容器に入った5種類の液体を配る。

実験

4．実験をする。

「まず見た目で推理できるものある？」

・全体に問い，子どもの声を拾う。泡が出ている

（活用するスキルの解説）

時間・インターバルの設定　飽きさせず，さらにすべての子どもが同じ実験ができるように，教師主導によるスモールステップで進める。

提示　ワークシートを同じ形で板書することにより記入時の混乱を避ける。

提示　実験道具を事前に配り勝手に実験等しないように，直前に配布する。また，落としても壊れない容器を用いる。

活動の促進　五感のうち，一番情報量の多い視覚から問い，さらに身近でわかりやすい炭酸水を

炭酸は予想できるが，他は判断しにくい。

「これが炭酸水だということをどうやって確かめたらいいかな？」

・「飲んでみる」というような意見も考えられる。五感を使って調べる方法は科学的方法としてはよいが，未知のものの場合，それを確かめる方法としては危険であることを再度話す。

「炭酸は二酸化炭素のことだけど，二酸化炭素かどうか確かめるにはどうしたらいいかな？」

・既習事項を想起させ，教師がOHP等を用いて映しだして検証する。

「この実験と関連させると，もう1つ推理できるけど，どうすればよいかな？」

・ここでも子どもの声を拾い，教師が演示実験する。その後，石灰水にストローで呼気を吹き込ませ個々に実験させる。

「今度はにおいをかいでみましょう。ただし，においをかぐときは，直接かいではいけません。このように（動作を入れて）手であおいでかぎます。そうしないと体に悪い場合があるからです」

・個々で実験をさせ，においの有無と特徴を記入させる。

・指示を聞かず直接においをかいだ子どもには，叱責するのではなく，どういう感覚だったのかを聞き，今後しないように個別に諭す。

「においがあるのは何番でしたか」

・決められた行動をとることにより，科学的な事実を検証できることにも触れ，においのある液体を明らかにする。ただしアンモニアと塩酸との区別はつけない。

「では，他の方法でも調べてみましょう。食塩水は蒸発させると食塩が出てきましたね。ですから残った3つの液を蒸発させてみましょう」

問うことで，どの子どもにも意欲をもたせる。

発言の取り上げ　発想をほめつつ，科学的技能についての正確な知識を身につけさせる。

授業進行のデザイン　目で見てわかる実験であることから，教師が全員に結果がわかるように演示し，授業にテンポをつける。

時間・インターバルの設定　規則性のある繰り返し実験であることから，テンポよく演示実験を行い飽きさせない。

授業場面のデザイン　見るだけでは飽きるので，演示実験と同じ実験を個別に実施する。

説明　危険な作業が入るので，短く禁止事項を話す。また動作モデルを入れた説明を行う。

指示　トラブルが頻発しそうなグループをモデルに使い，順番に一人ずつにおいをかがせる。

授業場面のデザイン　モデルを示した後，個々に実験をさせ，決められた動作による作業が実験成功のカギであることを体感させる。

注意　子どもの身を案じる形で注意をし，注意による反発や反抗を起こさせない。

リーダーシップの発揮レベル　ルールを守ることで利益を得られることを教示的に諭す。

リーダーシップの発揮レベル　グループごとに教師から機械的に3人決めてから行わせる。

3　まとめ　（学習活動と教師の働きかけ）

（活用するスキルの解説）

学習事項のまとめ

5．まとめと次時の予告。

「今日は実験のルールに従って2つの水溶液が推理できました。次の時間も科学を解き明かすルールに従って残りの3つを推理しましょう」

活動の促進　ルールに従って実験したことにより，学習が進んだことをほめ，ルールを守ろうとする気持ちと次時への意欲を高める。

〈アレンジのポイント〉

個人実験と演示実験を主体とし，スモールステップで実験方法を確認することで，実験方法等のスキルを教える。そのスキルを実験の際のルールと押さえ，ルールを守ることが利益を得ることを体感させる。

ルールの確立が低い学級での

実践紹介

一人一人に応じる算数の練習問題支援法

杉並区立浜田山小学校
浮ヶ谷優美

算数の授業は人気がない。「知っていることをくどくど説明されるし，できたのに待っている時間が長い」とすでに塾で学習している子。「授業のペースが速くて，できていないのに先に進んでしまうからわからない」とゆっくり学習したい子。中間をとって，あっさりすぎずていねいすぎない授業展開を心がけているが，どちらのタイプの子も今ひとつ満足していない。そのまま放置すれば，私語が増え授業が成立しなくなるのは必定。ていねいな指導をしつつ，理解の早い子や既習している子を飽きさせない授業構成を練った。

そこで，課題が早く終わった子どもに，その授業で学習した内容の問題づくりをさせた。その問題を次時の練習問題にしたり，作成者名入りの問題を印刷し練習プリントにしたりすると教科書やドリルの問題より興味をもって取り組む。自分のつくった問題が取り上げられ，授業に生かされて，作成者は満足気である。次はどんな設定で問題をつくろうかな，この数字とこの数字じゃ割りきれないな等々，思考を駆使し，問題づくりにも熱が入る。その間，ゆっくりと課題に取り組みたい子に計算や考える時間を確保し，担任は机間指導をしてつまずいている子の個別支援をするのである。

この方法は単元後半の練習問題に取り組ませるとき，特に有効である。課題が早く終わった子は，友達のつくった問題プリントに取り組み，でき上がると出題者にマルを付けてもらう。教師がかかわらなくても学習を進めることができた。

しかし，この方法が年度当初から成立したわけではない。相互学習を活発にするために，作文やワークシート等を交換し読み合いサインをして返す活動，ペア音読，ペアで力試しの運動など，友達とかかわって学習することに慣れる活動を随所に取り入れてきた。子ども同士のふれあいが自然にできるようになるにしたがって，かかわり合いのある学習が実りのあるものとなったのである。

人とかかわるルールを授業のなかで

中野区立大和小学校
向井知恵子

６年男子12名女子15名。男子は何事につけて不平不満をもち反抗的，女子はその様子を黙って見ている学級である。男女各１名がいじめにあう。男子は，それぞれをいじめるだけでなく二人がトラブルように仕掛けたり仕組んだりした。

「いじめられて悲しんだり怒ったりする子がいないクラスにしたい。いじめへ向けるエネルギーを学習へ注がせよう」と授業の充実に努めた。

まず，毎日ある国語の授業に取り組んだ。家庭学習なしで，毎時間ノートを回収してコメントを書いた。完全教師主導ながらも，個々の考えを学習計画に取り入れ，だれとは言わずにできるだけ多くの子の気持ちをくみ取るようにした。読み聞かせや読書の時間も大切に確保して，一人一人が自分の心と向き合えるように授業計画を立てた。

すると，女子の数名が自分の行動と比べたり学級の様子と関連させて文章を書くようになった。

そこで，学習の振り返りや物語教材の感想をワークシートに書いて掲示することを提案した。半数の男子から苦情があり説得と依頼に努め，男女別名簿順に名前を伏せて掲示することで合意した。

次に，道徳の時間にいじめについて考えていくことを予告すると，左手足が少しマヒしている子から「悲しい思いを何度もしてきたが家族に支えられ励まされてきた」とメモがあり，了解を得てほかのコーナーに掲示した。いじめの中心的存在の男子がそれを見て八つ当たりし「俺だっていやな思いは山ほどしている」と言った。当日は，いじめのさまざまな場面を10項目の表にしたプリントを用意し，その度合いを数値化させた。模造紙に全員の数値を書き，個々の感想も掲示した。

道徳の時間を境に，一日に何度もあったいじめが週３～４回になり，さらに月３～４回に減った。楽しい思い出づくりやクラスとしてのまとまりよりも教師は学級集団と向き合い，一人一人が自分と向き合える授業を工夫し考えた１年間であった。

話す時間を保障して

さいたま市立大砂土東小学校
別所　靖子

５月のＱ－Ｕのプロット図で「侵害行為認知群」に位置する子が18％（７人）もいた。日ごろみんなで元気に外遊びするが言い争いも多く落ち着かない。おしゃべりが多い。担任が話し始めるとすぐに言葉で反応する。うっかりすると話をとられどんどん横道にそれていく。そんなクラスだった。

そこで「相手と仲よくなる第一歩はあいさつと相手理解。人の話が上手に聞けることは相手を理解し仲よくなる大事なポイントである」と話した。また，「授業の始まりは，まず集中して話を聞こう。わからないことがあったら質問の時間をとるのでそこで聞いてほしい」と約束した。そして，毎回質問の時間を保障し子どもたちの話したい気持ちを質問という方法で表現させた。ところが，これが意外にも重要な鍵となった。「話の聞き方が上手だからいい質問ができるね」「すごくいい質問」とほめると，それが刺激になる。担任の話への集中度が高まった。子どもたちの質問から学習内容が深まったり広がったりもして驚かされる。

また，活発でリーダーシップをとりたい子が多い。そこで，グループ学習を多く取り入れた。少々うるさくなるが大目に見た。最後には必ず一人に発表してもらいグループ学習のまとめをした。このときも時間の許すかぎり，付けたしや質問の時間を確保し，発言の機会を増やした。

子どもたちは学習のルールを理解し一時的には熱心に取り組む。しかし，そう簡単には確立しない。一部の乱れから崩れることもある。ときどき，授業の自己評価をさせたりノート点検をしたりする。定期的なチェックで定着を図っていった。

最後に，クラスに侵害行為認知群の子が多い特徴から，帰りの会で構成的グループエンカウンターの「いいとこみつけ」（６～９月）や「言葉の贈り物」（10～12月）を継続し，ふれあいのあるクラスづくりをめざした。３学期は「ありがとうカード」を贈り感謝の気持ちを伝え合っている。

小グループを固定した活動から

杉並区立杉並第三小学校
吉田　佳子

5年生の4月のこと。1クラスの人数が多く，集団生活の基礎が身につかないまま学年が進行していた。個性が強く，人とうまくかかわれない子もいて，小さなトラブルのたびに大人の手を借りないと解決できない。子ども同士のつながりは希薄なままだった。

そこで，社会科で問題解決能力を育成するなかから，学習ルールの定着と人間関係の形成を意図的に図っていった。

まず，男女混合4人のグループを1年間固定した。「つかむ，調べる，まとめる，伝える」という学習の流れを身につけさせるためである。

そして，グループで課題をどのように解決していくかを話し合い，全体で中間発表をして情報交換する場を設けた。友達の考えに共感したり自分の考え方を修正したりできるように，振り返りに重きを置いた。振り返りの方法は，発表後に質問タイムと一言コメント交換を行うことにした。

また，グループ活動をしているときには，グループメンバーの特質を生かして学習が進められるように，教師が話し合いの中に入り，お互いが認め合えるような助言を行った。グループ内で意見が分かれてしまったときは，教師が双方の考えを絞り込み歩み寄れる橋渡し役になる。グループが固定していることで，友達の内面をつかめているので，本音で話し合えるようになってくる。すると，教師のヒントで友達同士で解決できるようになる。また，地域のサポーターに参加してもらうことで新鮮みとともに，専門的な知識が注入され学習の取組みに真剣さが増す。人を敬う気持ちが自然に身についてきた。

「なぜ，米は日本人にとってなくてはならないものか」という問題点をもったグループは，家族に目を向けインタビュー方式をとり，世代によって考え方が違うことを知り，興味深く取り組んだ。「米の種類」を調べたグループは，お米屋さんを訪れ資料や実物をもらい，人とかかわることを学んだ。また，田植えをしたいと要望があり，農協の方にお世話になり体験学習まで広がりをもてた。児童の興味関心にそって教師がネットワークを活用して授業に臨むことも大切であることがわかった。

こうして学習を進めていくと，子ども同士が個性を生かし合い認められることの喜びから，さらに力がつくというサイクルができていった。

発表では，引きつけられる絵入りのグループ，アクション入りで引きつけようとしたグループ，参観者にインタビューをしたグループなど多様でそれぞれのグループの主体性が感じられた。子どもたちが安心して自分らしさを発揮できるように変わってきたようである。

グループを固定化したことで，本単元での反省点を次単元でステップアップしようと児童自身で目標を明確化することができた。ここに学ぶ楽しさが生まれてくる。

第4章

リレーション《ふれあい》の確立が低い学級の授業

リレーションの確立が低い学級

1. 話合い

相互作用活用型の授業

授業場面例　国語：心情読み取り
道徳：話し合い
社会・総合的な学習の時間：調べ学習の発表会

こんなとき，どうする!?

発表する子どもが固定化しており，話合いといっても，教師と２～３人の子どもで行われている。ほかの子どもはボーっとして，授業に参加していると言えない。しかったりして懸命に発表を促すが，しらけた雰囲気が学級にただよう。

授業スキル活用の公式

ゲーム的な要素を取り入れ緊張をほぐす。
発表の方法を多様に，機会を多くする。

やや低い学級は88ページへ　かなり低い学級は92ページへ

事例　話合い　　国語「きつねのおきゃくさま」２年

❶ 標準的な単元配当（14時間）

一次	単元全体の学習の見通しをもとう	1時間
二次	登場人物の様子や気持ちを読み取ろう（本時）	8時間
三次	いろいろな本を読み，自分のお気に入りを紹介しよう	5時間

話し合いのポイントは，単元の目標だけでなく既習経験，子どもたちの人間関係，コミュニケーションスキルの程度に合った活動内容やプログラムを設定すること。特に低学年は学習の蓄積が少ないので，一つ一つスキルとして教えていく。一人一人の感想や意見をもたせるため，学習材に引き込んでいく導入の工夫，表現に対する抵抗を取り除く工夫がカギ。

❷ 標準的な指導案

本　時　やせたうさぎを迎えたきつねの気持ちを読み取ろう（３時間目／二次）

ねらい　「かみさまみたい」と言われぼうっとなるきつねの気持ちやその変化を読み取り，工夫して音読する。

	学習活動と主な発問	留意点
導入	１．前時の学習を振り返り，音読する。 ２．本時のめあてを知る。 「やせたうさぎがおきゃくさまになったときのきつねの様子や気持ちを考えよう」	・黒板に登場人物のペープサートを掲示し，気持ちを想起させる。 ・黒板に書いためあてを全員で音読する。
展開	３．学習場面を全員で音読する。 ４．わからない言葉を確認する。 ５．教科書に書き込みをする。 「第三場面をもう一度目で読みながら，きつねの気持ちを想像して書き込もう」 ６．書き込んだことを発表し合い，きつねの様子や気持ち，お世話をしてもらっているひよこ・あひる・うさぎの気持ちを考える。 「この場面のきつねやひよこ，あひる，うさぎの気持ちについて発表しよう」 ７．場面の様子や登場人物の気持ちを考えながら音読する。	・毎日音読する習慣をつけておく。 ・できるだけ子ども同士で答えさせる。 ・気持ちがわかる文に線を引きその右に自分が想像した気持ちを書き込む。 ・太らせて食べるために熱心に世話をするきつねの気持ちに気づかず，むじゃきにしたう三匹の気持ちも考えさせる。 ・板書を参考に学習場面を振り返り，音読の参考にさせる。 ・数人に代表で音読してもらい，よいところを評価する。その後，よいところを真似しながら全体で音読する。
まとめ	８．次時の予告を聞く。	・次時の登場人物「おおかみ」のペープサートを追加して掲示し，意欲づけをする。

リレーションの確立がやや低い学級の場合

授業はこんな状態

落ち着いて学習しているように見えても，活気がなく，ぼんやりとしていたり，手あそびをしたりしている子どもがいる。物語文の学習のように，登場人物の心情や場面の情景などを読み取る学習では，よく発表する子どもたちのグループ，指名されれば何とか発表するグループ，指名しても黙ったままで教師の関心が通り過ぎるのを待っているようなグループに分かれている。話し合い活動は低迷し全体的な深まりがない。

1　単元計画をどう変えるか？

①発表への抵抗を減らすため，授業の導入部にゲーム形式の学習を設定する。

②二次の発表では，予告指名発表，本発表，感想の発表と，段階的に設定する。

変更した単元の指導計画

一次	「きつねのおきゃくさま」の学習の見通しをもとう	2時間	過去に学習済みの学習材を使って「ダウト」をやり，二次への期待をもたせる。
二次	登場人物の様子や気持ちを読み取ろう（本時）	9時間	前時の場面の「ダウト」，ワークシートへの書き込み，2人組での交流，予告指名発表，本発表，なるほどと思った友達の意見の発表，全員による音読で1時間を構成する。
三次	いろいろな本を読み，自分のお気に入りを紹介しよう	3時間	読書カード，お気に入り紹介シートなどを工夫し，全員分を掲示し，読み合う。

うまく自己表現する習慣ができていない子どもたちを，急に指名しても答えられない。そこでどの子どもにも答えるチャンスがあるゲーム形式の学習を授業の導入部に設定。

また，二次では場面ごとに必ず発表する子どもを決めて心構えをさせるとともに，机間指導の際にヒントやアドバイスを与えて，発表不安の軽減を図ることにした。全体での本発表に先立ち2人組で発表し合い，必ずだれかに自分の意見を聞いてもらう機会も設け，最後になるほどと思った友達の意見を発表し合うことで，3つの発表をつなぐ構成にした。

二次の展開ができるようになるには時間がかかるので配当時間を増やし，三次は読書と紹介活動を同時進行できるよう掲示方式の発表にして，授業時間以外も交流を可能にした。

2　1時間の授業をどう展開するか？

⑴意欲を引き出す工夫（マイナスの循環を止める）

教師の注意が重なると「どうせ，がんばっても先生はほめてくれない」「先生は勉強ができる子だけがかわいいんだ」などという不満を感じ，学習に対する無気力な態度に発展する。さらに注意されることが増え，この態度が習慣化していく。一人一人が認められているという実感をもち，学習することの楽しさを味わえるような場面を工夫する。

構成スキル❺／時間・インターバルの設定

教師が特定の子どもだけでなく全員から親しみをもってもらえるような学習の堅苦しさを感じずに楽しい場面を設定する。

構成スキル❸／授業場面のデザイン

低学年ということを考慮すると担任一人の場合は一斉学習が基本となる。参加することの楽しさを感じさせるには，全体の前で発表する体験は欠かせない。しかし，全員にその機会を提供するには，時間的制約がある。そこで2人組，あらかじめ決めてあった人の発表，自由発表の3つの機会を設定する。

⑵学級状態への対応（リレーションの再形成）

展開スキル－能動的❹／提示

登場人物の気持ち，なるほどと思った意見を言った友達の名前，教師のコメントなどが書き込めるワークシートを工夫する。

展開スキル－能動的❺／活動の促進

ワークシートに書き込む前に数名の子どもに意見を発表させ，具体的なイメージをもたせる。机間指導で発表予定者を中心にヒントやアドバイスを与えたり，自信をもたせたりするような声かけをする。

展開スキル－対応❶／発言の取り上げ

子どもたちの発表内容を，わかりやすく解説したり，補足したり，明確化したり具体的な質問をしたりする。

展開スキル－対応❷／賞賛

ワークシートに書き込むとき，2人組での話合い，発表などの様子を観察し，小さな変化を見逃さず全体の前で認める。また，友達のよさを見つけた子も賞賛する。

相互作用活用型の授業

3 授業案 ……………… リレーションの確立が やや 低い学級
話合い　　国語「きつねのおきゃくさま」2年

1 導入 （学習活動と教師の働きかけ）　（活用するスキルの解説）

授業に入る　動機づけ

1．前時の学習場面を振り返った後，「ダウト」をする。

「第二場面では，やせたあひるが増えてきつねのおきゃくさまは2匹になったね。きつねは2匹になんて呼ばれていたのかな？　どんなふうにお世話をしたのかな？」

「では，これから第二場面の『ダウト』をします。みんなおうちでよく読んできたかな。教科書を閉じて用意をしてください。では，始めます。『ある日，ひよこが公園に行きたいと………』」

2．本時のめあてを確認する。

「今日は第三場面だね。次に出てくるおきゃくさまはだれかな？　そうだね，うさぎだね。では，めあてをみんなで読んでみましょう」

提示　きつね・ひよこ・あひるのペープサートを黒板に掲示する。

発問　時間が限られているが，振り返りではできるだけ質問して子どもたちから出させる。

時間・インターバルの設定　全員参加のゲーム性の高い学習で楽しい雰囲気をつくる。教師の読み間違いを発見した子が，すかさず「ダウト」と手をあげる。指名の仕方でいろいろな子に活躍の機会を与えられる。

提示　やせたうさぎのペープサートを黒板に貼り，次に今日のめあて「やせたうさぎをおきゃくさまに迎えたきつねの気持ちを考えよう」を貼る。

2 展開 （学習活動と教師の働きかけ）　（活用するスキルの解説）

3．学習場面を全員で音読する。

「第三場面を全員で音読します。2人組で向かい合って立ってください。声をそろえて相手に聞こえるように読みましょう」

課題の確認

4．第三場面のワークシートを配布し，書き込み方を確認する。

「では，ワークシートを配ります。全員に届いたかな」

「3回目なのでもうわかっていると思いますが，吹き出しに，『きつね・ひよこ・あひる・うさぎ』の気持ちを想像して書きます。まず，ヒントになる言葉や文に線を引いて書き込みましょう」

5．ワークシートに3匹の気持ちを書き込む。

・机間指導をしながら，今日発表する当番の子の進行状況を確認し，ヒントを与えたり，励ましたりする。

話合い

6．2人組で発表し合う。

「だいたい書けましたか。書ききれなかったとこ

授業場面のデザイン　2人組活動の意識づけを意図し，全員が前に向かって読む形態ではなく隣同士で向かい合って読む形態を試みる。

提示　拡大したワークシートを黒板に掲示し，具体的に示しながら書き込み方を確認する。また，ワークシートは書く内容が見ただけでわかるような形式，全員が話し合いに参加するための材料になるものを工夫する。吹き出しはそれぞれの書く量に応じて足りないときは自分で付けたしてよいことにしておく。

賞賛　発表当番の子の中には，自信がなくて不安な子がいることが予想されるので，机間指導を活用して援助する。

提示　発表の仕方を黒板に掲示する。3回目なので説明は省略してもよい。

ろは，口で付けたしてもいいです。２人組で書いたことを紹介し合いましょう。

7．事前に決めてあった発表当番の子が発表する。

「では，今日の発表当番の人は立ってください。隣の人はハンドパワーを送ってあげてください。○○さんからお願いします」

・３匹が「かみさまみたいなお兄ちゃん」と言っているのを聞いたきつねは，あまりにもうれしすぎてぼうっとなったのだと思います。

8．発表したい子が手をあげて発表する。

「では，当番ではないけどぜひ発表したいという人は手をあげてください。はい，□□さん」

9．なるほどと思った発表をした人を紹介する。

「今日もたくさんの人に発表してもらいました。みんなの前で発表した人だけでなく隣の人も入れて，なるほどと思った人の名前を紹介してください」

「『ヒントになる文』のときの～の気持ちは……」
「この場面の感想は……です」

授業場面のデザイン　**集団の雰囲気づくり**
発表当番を事前に決めることで学習の動機づけをするとともに，参加体験を積み上げる。また，相手に励ましのハンドパワーを送って雰囲気を盛り上げ，２人組の人間関係を促進する。

提示　「発表します」「はい」の応答，発表後の拍手など発表のルールを掲示しておく。

賞賛　**発言の取り上げ**　当番発表，自由発表ともに，発表内容がわかりにくい場合は解説や補足，明確化するための質問をする。

3　まとめ　（学習活動と教師の働きかけ）

（活用するスキルの解説）

学習事項のまとめ

10．本時の学習を振り返り，第三場面の音読をする。

「今日，発表してくれた人はどのくらいいるかな。たくさんの人が発表できたんだね。さて，きつねのうちのおきゃくさまは，ひよこ・あひる・うさぎの３匹に増えました。きつねは，かみさまみたいに３匹を育てています。この場面をみんなで気持ちを込めて音読しましょう。立って，２人組で向かい合ってください」

賞賛　発表する子の増え方，初めて発表できた子，よかった内容について全体で認め合う。

11．次時の学習の予告をする。

「次は，第四場面を学習します。きつねやひよこ，あひる，うさぎはどうなるのでしょうか」

「第三場面の『ダウト』もしますので，家でこの場面をよーく音読しておいてください」

集団の雰囲気づくり　「ダウト」の楽しさを思い出させ，家庭で音読することを動機づける。

〈アレンジのポイント〉

リレーションが低下した学級では，教師に親しみを感じさせるために，楽しさの中で全員が参加できるようなゲーム性の高い学習活動を工夫したい。「ダウト」はアニマシオンの代表的な手法で高学年でも活用できる（※M. M. サルト著／佐藤美智代ほか訳『読書で遊ぼうアニマシオン』柏書房）。

また，発表不安を軽減するためには発達段階や既習経験に合った発表のルールや話し方モデルを設定し，定着するまでは常掲しておく。発表当番を決め教師が個別支援したり，２人組の話合いでリハーサルしたりするなどの配慮をしながら，徐々にレベルを上げていくようにする。

リレーションの確立がかなり低い学級の場合

授業はこんな状態

何もしない子，友達に話しかける子，手いたずらをする子が増え，授業の進行をとめて注意しなければならないことが多くなってくる。口答えなど，あからさまな反抗的態度をとる子も出てきている。友達が失敗するとばかにする子がいるのでますます発表が減り，学習能力が高く自己主張もできる数人の子たちとの一問一答式の授業になってしまうことが多い。人間関係がギスギスしているので，今のままでは2人組の話合いも成立しない。

1　単元計画をどう変えるか？

①ワークシート中心の展開とし，書き込む内容をワークシートに細かく指示することで，説明を聞かなくても進められるようにする。

②子どもが書いたワークシートは発表前に回収し，教師がコメントを書くことで，学習意欲を刺激するとともに，話し合い場面を構成できるようにする。

変更した単元の指導計画

一次	「きつねのおきゃくさま」の学習の見通しをもとう	1時間	「きつねのおきゃくさま」で使用するワークシートをすべてとじた冊子を作成，配布し，学習への見通しをもたせる。表紙の絵を一人一人に描かせる。
二次	登場人物の様子や気持ちを読み取ろう（本時）	10時間	ワークシートの指示に従って登場人物の様子や気持ちを書き込み提出。翌日教師がコメントやアドバイスを書き返却。それをもとに発表し合う。次の場面についてワークシートに書き込み提出するという授業展開。
三次	いろいろな本を読み，自分のお気に入りを紹介しよう	3時間	読書カード，お気に入り紹介シートなどを工夫し，全員分を掲示し，読み合う。

簡単なゲームなどを繰り返して緊張を解いたり，教師が一人一人を認める取り組みをすることが前提。使用したワークシートすべてとじ込んだ冊子を配布し，表紙を最初に描かせることでこの教材に愛着を感じさせる。また，ワークシートは書き込む内容を簡単にして一人で進められるようにする。書き込んだら回収し教師がコメントを書くようにする。

2　1時間の授業をどう展開するか？

(1)意欲を引き出す工夫（マイナスの循環を止める）

度重なる注意や叱責で教師に対する不満がうっ積しているので，教師が指示や命令をしなくても学習が進められる工夫をするなど，不満が生まれる場面を減らす必要がある。また，子ども一人一人とのパイプをつくり，関係改善を図る工夫も必要である。

構成スキル❶／リーダーシップの発揮レベル

「～しなさい」という指示から，「～しましょう」と参加を促す形にする。

構成スキル❷／学習評価の目安

量の多少に関係なく，とりあえずワークシートに書き込み提出できたことを評価する。

構成スキル❸／授業場面のデザイン

ワークシートの書き込みは個別，発表は教師の構成による一斉学習にする。

構成スキル❹／授業進行のデザイン

教師のコメント入りのワークシートをもとに，グループの座席番号や列ごとに順に発表する。1回だけパスを認める。教師の推薦で発表してもらったり，教師が紹介したりすることもある。これらを事前に契約する。

4人グループの座席番号

1	2
4	3

(2)学級状態への対応（リレーションの再形成）

個別にアドバイスしたり励ましたりするチャンスをつくり，まず教師と子どもの関係づくりを進める。ルールやリレーションがある程度回復したら2人組の話し合いを取り入れる。

展開スキルー能動的❹／提示

指示なしでも進められるワークシートを工夫し，個別支援に回る余裕をつくる。

展開スキルー能動的❺／活動の促進

机間指導でワークシートへの記入を促したり，アドバイスしたりする。また，発表のときには発表者が「発表します」，聞き手が「はい」と応答するルールを確認する。

展開スキルー対応❶／発言の取り上げ

事前にシートを読み，同じような発表にはさりげなく，「○○さんも似ていることが書いてあったね」と結びつけ読んでもらう。紹介したい内容は指名して読ませる。

展開スキルー対応❷／賞賛

発表前にコメントを書き，取り組みの様子や内容について積極的にほめ，励ます。

相互作用活用型の授業

3 授業案………リレーションの確立がかなり低い学級
話合い　国語「きつねのおきゃくさま」2年

1　導入　（学習活動と教師の働きかけ）　（活用するスキルの解説）

授業に入る　動機づけ

1．教師のコメントを書いたワークシートつづりを配布，静かにコメントを読む。

「今日，みんなで話し合うのは第三場面です。6ページと7ページを開いて，先生の書いたひとことを静かに読んでみましょう」

授業進行のデザイン　教師の肯定的コメントを読むことで話合いへの抵抗を取り除くために，通常なら展開の内容を導入にもってくる構成にする。

2　展開　（学習活動と教師の働きかけ）　（活用するスキルの解説）

2．第三場面を音読する。

「先生が地の文を読みます。みんなはいつものように会話文や心で思ったところ，最後のところを読んでみましょう。では始めます」

・「ある日，ひよことあひるが，さんぽに行きたいと言い出した」
・「はあん。にげる気かな」
・「きつねはそうっとついていった」(以下省略)

授業進行のデザイン　子ども同士のリレーションや対人関係のルールやマナーの低下を考慮し，本単元では教師と子どもたちが分担する形の役割読みにする。

課題の確認・話し合い

3．ワークシートに書き込んだ「きつね・ひよこ・あひる・うさぎ」の気持ちを発表し合う。

「今日のめあてを読んでみましょう。先生に続いてください。『ひよことあひるとうさぎの3匹に，『かみさまみたいなお兄ちゃん』と言われるきつねの気持ちを考えよう』」

「では，ひよことあひるの後をそうっとついて行ったきつねはどんなことを考えていたかな。今日は，1列目からでしたね。では立ってください。○○さんお願いします」

・「発表します」。「はい」。「きつねは，『にげる気だな。せっかく親切にしてまるまる太らせたおれさまのえものだ，にがしてたまるか』と思ってついていったと思います」。拍手。

「なるほど，にげる気ではないかとうたがっていたんだね。□□さんも似ていましたね。ちょっと読んでみてください。お願いします」

・立ち上がって読む。

「ありがとう。よく書けていましたね。では，△

提示　前時に使用した短冊に書いためあてを黒板に掲示し，前時と本時のつながりを意識させる。

活動の促進　「発表します」に「はい」と言わせる。

授業場面のデザイン　活動の促進　質問を細かく区切り，発表しやすくする。また，発表者と聞き手の応答の仕方，話し終わったら聞き手は拍手をするなどのルールを決め，定着するまで掲示しておく。さらに，全員が発表を体験するために発表する順番，教師の推薦あり，パスは1回などのルールも事前に決めておく。

発言の取り上げ　発表内容を要約したり，他の子にわかるような形に言いかえたり，事前に似ている意見をチェックし，ここで結びつけて発表させたりして，一人の意見を全員の学習に結びつけていく。

△さんお願いします」

・パスをします。

「なかなかよく書けていましたよ。思いきって読んでみませんか。（断られたら）先生に読ませてくれるとうれしいんだけど」

「１列目の人以外でも発表してくれる人がいるとうれしいんだけど。だれかいませんか」

「第三場面の発表を聞いてなるほどと思ったり，すごいなと思った人の名前を書きましょう」

賞賛　ワークシートに名前を書き込む欄をつくり，それを参考に教師が全体に紹介する。また，できたら口頭でも発表させ，一人一人が認められる場をつくる。

学習事項のまとめ

4．第三場面のきつねの気持ちと３匹の気持ちや様子をまとめる。

「きつねは，３匹に『かみさまみたい』と言われてうっとりして，きぜつしそうなくらいいい気持ちになったんだね。そして，きつねはかみさまみたいに３匹を育てました。まるまる太った３匹はこの後どうなるのでしょう」

発問　学習を終えた場面を要約し，次の場面の学習の動機づけをする。

5．第四場面を音読する。

「では，先生が地の文を読みます。みんなは会話と最後のところをお願いします」

6．第四場面のきつねの気持ちや戦いを文と挿絵から考え，ワークシートに書く。

「この場面ではくろくも山のおおかみが出てきます。おおかみと戦っているときのきつねの気持ちをワークシートの８～９ページに書きましょう。早く終わった人は表紙の色塗りや自由コーナーをやりながら待っていましょう」

提示　登場人物のペープサートをつくって黒板に貼り，場面の転換を印象づける。

授業進行　賞賛　教師の説明を聞き逃しても書き込みが進められ，早く終わった人が自由に取り組めるようなコーナーがあるワークシートを工夫する。自信がなく発表不安が高い子には机間指導を活用して援助する。

3　まとめ　（学習活動と教師の働きかけ）

（活用するスキルの解説）

7．次時の予告をする。

「今日もいろいろな発表がありましたね。次の時間は第四場面のきつねの気持ちについて話し合います。あいさつをした後，集め係さんはグループのワークシートを集めて持ってきてください」

説明　学習の見通しがもてるように次の学習の進め方を予告する。ルールやマナーが崩れ始めているのでざわつきを考慮し，ワークシートの回収は終了後に係によって行う。

〈アレンジのポイント〉

リレーションだけでなくルールやマナーも崩れ始めている場合には，話合い活動はむずかしい。回収したワークシートをまとめた印刷物を教師が用意し，それをもとに話し合ったり，匿名の紙上討論にしたりして，抵抗の状態をチェックしながら進める必要がある。

リレーションの確立が低い学級

2. グループ見学

問題解決型の授業

授業場面例 社会：グループ見学
国語：グループでの発表　　理科：グループでの観察

こんなとき，どうする!?

学習問題についての予想をノートに書くときや自分の考えを発表するときに，一部の子どもだけしか授業に参加せず，ほかの子どもは勝手なことをしている。また，クラス全体に見学に行きたいという意欲の高まりやグループ活動の前提となる楽しい雰囲気がみられない。

来週はスーパーマーケットの見学です
きちんと話を聞きなさい！
私は魚売り場について調べたいと思います
どうでもいいよ・・・
社会科見学
行きたくないなー
つまんない・・・
社会科見学
お、うまく描けた！

授業スキル活用の公式

ゲーム性のある活動でグループ活動を促進する。教師のあたたかい口調と自己開示。

やや低い学級は98ページへ　かなり低い学級は102ページへ

事例　グループ見学　社会「スーパーマーケットのひみつ」3年

❶ 標準的な単元配当（12時間）

問題をもつ	1週間の買い物調べを通して，スーパーマーケットでの買い物が多いことに気づき，その理由を調べる計画を立てる（本時）	4時間
調べる	スーパーマーケットの見学を通して，お店の工夫に気づく	5時間
まとめる	調べたことをまとめて発表する	3時間

本時のような学習は，この時期の子どもたちにとって魅力的であるが，生活体験や学力の個人差などから課題への興味関心が一部の子どもたちにとどまる危険性もある。問題把握段階で一人一人の子どもの気づきや問題意識を学級全体に広げる工夫が重要。また，グループ編成の仕方も重要。学級編成して3～4か月では，子ども同士のつながりも希薄である。この活動を通して学級全体およびグループの人間関係を育てることが必要である。

❷ 標準的な指導案

本　時　買い物調べをしよう（3時間目／問題をもつ）

ねらい　スーパー△△で買い物をする人が多いのはどうしてか予想し，確かめる方法を考える。

	学習活動と主な発問	留意点
導入	1．「3年○組の家の人が買い物に行ったお店とその回数調べ」のグラフを示し課題設定。 「スーパー△△で買い物をする人が多いのはどうしてか予想しよう」	・前時に子どもたちの家の1週間の買い物調べをもとに，どの店に何回行ったか集計し，模造紙大のグラフを作成しておく。
展開	2．スーパー△△で買い物をする人が多いのはどうしてか，考えを出し合う。 「スーパー△△で買い物をする人が多いのはどうしてか，自分の予想をノートに書いてみよう」「自分の考えを発表しよう」 3．予想を確かめる方法について話し合う。 「この予想を確かめるにはどんな方法があるかな。発表してみてください」	・前時に予告し，ヒントを集めたり，家の人にインタビューしたりさせる。 ・自分の考えをノートに書かせ，聞き手にわかるようにまとめさせる。 ・見学計画につなげるために子どもたちから出た予想を整理して板書する。 ・事前にスーパー△△と連絡をとって見学の許可をもらっておく。
まとめ	4．次時の予告と指示。 ・次時にスーパー△△に見学に行く計画を立てることを予告し意欲づけをする。	・スーパー△△に子どもの代表に電話で依頼してもらうことを発表，自力解決への意欲を刺激する。

リレーションの確立がやや低い学級の場合

授業はこんな状態

グループ活動をする場面で何をしていいかわからない子どもがいて，同じグループのリーダーが苦情を言う。手あそびをしたり，近くの子に話しかけたりする子が２～３人いる。たまに手をあげない子を指名するとおどおどして下を向いてしまい何も意見を言おうとしない。結局はあきらめていつもと同じ子を指名することになり，全体的に盛り上がらない授業になってしまう。

1　単元計画をどう変えるか？

①緊張をほぐし，グループ内のリレーションを形成するために，ゲーム的な活動を行う。

②認め合い活動を取り入れ，人間関係を深める。

変更した単元の指導計画

問題把握	買い物調べをしよう（本時）	５時間	一人一人の買い物調べに肯定的なコメントを書く。教師も参加して「スーパーバスケット」をしたり，見学グループ対抗「しりとりお絵かき」などをしたりし，緊張を和らげる。
調べる	スーパーマーケットを見学しよう	４時間	他の教科・領域の時間も活用して見学グループの人間関係を育て，ある程度深まったことを確認してから見学を実施する。
まとめる	調べたことをまとめよう	３時間	グループで発表方法を話し合わせ，協力してまとめさせる。実態によっては発表方法をいくつか例示しそこから選ばせる。活動後に「☆いくつ」などのエクササイズでお互いのよさを認め合う。

グループ単位の見学を行うには，事前に教師と子ども，子ども同士の緊張を解く必要がある。そこでフルーツバスケットをアレンジした「スーパーバスケット」を教師も参加して実施。その後，学習問題についての予想をする展開にした。また，見学グループで役割分担をする前にも，非言語で絵を描いてしりとりをするゲームで親しみをもたせるようにした。学習の最後には，構成的グループエンカウンターのエクササイズ「☆いくつ」でよさを認め合い，一人一人の自己肯定感を高めるグループの人間関係を深めた。

2　1時間の授業をどう展開するか？

⑴意欲を引き出す工夫（マイナスの循環を止める）

学級編成で出会った新しい担任や仲間に対して，一度よくない印象をもってしまうと，それを変えるのはむずかしい。早めに気づいてイメージを変える作戦を工夫したい。

構成スキル❶　リーダーシップの発揮レベル

発問や指示をするとき，「～しなさい」という命令調ではなく「～はどうしてかな」と問いかけた後「では，～してみよう」と指示をする。教師が意見をまとめるときには，いったんまとめた後に「これでどうかな」などと確認する。

構成スキル❺　時間・インターバルの設定

見学前に教師と子ども・子ども同士の人間関係づくりをする時間を設定するために１時間配当時間を増やし，ゲーム的な活動を入れる時間を確保する。その分，見学時間を１時間減らして調整する。

展開スキル－能動的❹　提示

表現への抵抗を配慮し，グループでの話し合いの結果を全体につなげる展開にする。また，「司会の仕方マニュアル」を配布し，話合い活動に慣れさせる。

⑵学級状態への対応（リレーションの再形成）

できるだけ教師と子ども，子ども同士が学習内容の理解と関係ないところで楽しい交流ができるように工夫し，学級の雰囲気を盛り上げていく。

構成スキル❸　授業場面のデザイン

「スーパーバスケット」のときの，机を取り払ったいすだけの空間を活用して予想についての話合いをさせることで，普段とは違った雰囲気づくりをするとともに物理的距離を縮めふれあいやすくする。また，話合いのグループもゲームのときと同じ品物同士で構成し，仲間意識を育てるとともに，楽しい雰囲気を受けて予想ができるようにする。

構成スキル❺　時間・インターバルの設定

導入で，スーパー△△で買い物をした人が一番多かったのを確認した後，教師も参加して「スーパーバスケット」をし，学習への動機づけと学級の雰囲気づくりを同時に行う。

問題解決型の授業

3 授業案 ……………リレーション確立がやや低い学級
グループで見学　社会「スーパーマーケットのひみつ」3年

1　導入　（学習活動と教師の働きかけ）　（活用するスキルの解説）

授業に入る

1．前時の学習内容を想起する。

「3年○組の家の人が一番たくさん買い物に行ったのはスーパー△△でしたね。全部合わせて120回も行ったなんてびっくりしちゃいました。みんなはどうかな？」

自己開示　買い物調べの結果について感じたことを率直に親しみやすい口調で伝える。

動機づけ

2．スーパーバスケットをする。

「みんなはフルーツバスケットはしたことあるよね。今日は社会の勉強だからちょっと変えて『スーパーバスケット』をしたいんだけどいいかな」

「みんなはフルーツの名前ではなくてスーパーに売っているものになります。『大安売り』と言ったら全員が動きます。いったん立ったら自分の席とその両隣には座れません。ルールわかったかな？」

「じゃあ，まず，名前を決めましょう。スーパーに売っているものを言ってください。…中略…順番に名前を決めます。野菜，牛乳，お肉，お魚，洗剤，お菓子，お米，野菜，牛乳，お肉…以下略。自分の名前覚えましたか。何があるか忘れないように黒板に書いておくよ。最初の鬼は先生です。用意はいいですか」

「『大安売り！』」

リーダーシップの発揮レベル　教師の考えを一方的に押しつけるのではなく，問いかけて確認する話し方を心がける。

時間・インターバルの設定　子どもたちになじみのあるフルーツバスケットをアレンジし，スーパーマーケットに売っている品物によるゲームの時間を設ける。これにより，学習への動機づけをする。ここでは，野菜，牛乳など品物の種類にしたが，トマト，キュウリ，バナナのように品物の名前でもよい。子どもたちにあげさせ板書しておく。後のグループ活動を考慮し同じ種類の子は4～6人にする。輪になった後，「野菜，牛乳…」のように順に分担していくとなれあいを防止できる。

活動の促進　教師もスーパーバスケットのときは，教師役割を棚上げして参加し，子どもとの関係づくりのきっかけにする。

課題設定

3．本時の課題を設定する。

「今度は『スーパー△△で買い物をする人が多いのはどうしてか』予想をしてみましょう」

提示　学習問題を紙に書き，黒板に掲示する。

2　展開　（学習活動と教師の働きかけ）　（活用するスキルの解説）

予想の話合い

4．予想についてグループで話し合う。

「野菜グループはここ，牛乳グループはここ…中略…に集まって小さな輪をつくります。まず，それぞれのグループで自由に予想をしてみましょう。話し合いの前にジャンケンをしてください。一番勝った人は手をあげてください。司会役です。マニュアルを渡しますのでこれを見ながら司会をし

授業場面のデザイン　スーパーバスケットのグループを活用し，ゲームに楽しい雰囲気の延長で予想についての話合いをする。また，ジャンケンで勝った順に事前に役割を指示，参加意欲と責任感を高める。

提示　表現への抵抗に配慮し，司会の進め方をマニュアルにして配布する。また，机がないの

てください。2番目に勝った人は手をあげてください。メモカードを渡しますのでみんなの意見をメモして後で発表してください。何か質問はありますか？　では，どうぞ！」

5．グループの予想を発表する。

「野菜グループから発表します」

・野菜グループの担当者が予想を発表する。

・出た意見は整理して板書し，話し合いの様子や内容について肯定的にコメントする。

・「ねだんが安いから」「いろいろな種類のものがあるので，買い物が1軒ですむから」「よく安売りをするから」「駐車場が広いので車で行くのに便利」「試食品がたくさんあるから」

「野菜グループはとても熱心に話し合っていましたね。試食品があると味見して買えるから先生なんかはうれしいですね」

でメモ係にはバインダーとメモ用紙を渡し，意見をまとめさせる。

マニュアルの例

1．みんなで「よろしくお願いします」とあいさつしましょう。「よろしくお願いします」

2．「スーパー△△で買い物をする人が多いのはどうしてか」，思いついた予想を発表してください。…ありがとうございました。

※みんなが黙っているときには「～さんお願いします」と言って発表してもらう。

賞賛　たとえ発表内容がだぶっていても「正」の字で数を記入していく。協力して積極的に話し合いをしていたグループは発表の後で全体にフィードバックし行動を強化する。

自己開示　親しみを感じさせるようになるべくユーモアのあるコメントをする。

3　まとめ　（学習活動と教師の働きかけ）

（活用するスキルの解説）

学習事項のまとめ

6．出た予想をまとめる。

「それぞれのグループの予想をまとめると，こんな感じでしょうか。確認してみましょう」

・板書にまとめたものを読む。

提示　次時にすぐ提示できるように模造紙に書いておく。

7．次時の予告と指示。

「今日は，みんなが楽しそうに『スーパーバスケット』をしたり，グループごとに積極的に話しているのを見てとてもうれしくなりました。この次の時間は，どうしたらみんなの予想を確かめられるか話し合いたいと思います。どんな方法があるか考えておいてください」

指示　学習内容を予告し，チラシなどの資料を集める，家の人に聞くなど自分にできることをさせる。

「では，今日同じグループになった人全員と握手をし『ありがとうございました』とあいさつしてください」

授業場面のデザイン　本時の学習の終わりに活動を共にしたメンバーと握手をし合い，身体接触を伴うふれあいを体験する。

〈アレンジのポイント〉

高学年になると1回や2回，教師がゲームに参加したからといって急に関係が改善するわけではないが，低・中学年は比較的容易である。生まれ変わったつもりで雰囲気を一気に盛り上げる起死回生のゲームを，たとえ授業内容と離れても工夫したい。ゲームなどの集団活動の経験が少ない学級は，できるだけ子どもたちが過去にやったことのあるものを選ぶとよい。

リレーションの確立がかなり低い学級の場合

授業はこんな状態

発表する子が減り，指名しても黙って顔を伏せることが増えてきた。教室の何か所かでひそひそ話が聞こえる。注意すると目をそらしたり，口答えしたりする。いつも注意される子が5～6人決まっていてグループ活動のときにリーダーに文句を言ったり，まじめにやろうとしている友達に手を出して足を引っ張ったりする。苦情がきて注意に行くとほかのグループからの苦情がきて対応に追われる。

1　単元計画をどう変えるか？

①2人組から4人組の段階的なゲーム性のある活動を取り入れながら問題把握をする。
②保護者などの協力を得て見学を行い，まとめは個人新聞にまとめる。

変更した単元の指導計画

問題把握	買い物調べをしよう（本時） 教師主導で見学計画を立てる	6時間	2人組で「サケとサメ」「背中合わせの会話」のゲーム。4人組で一番多かった店と回数をカードにまとめる。座席番号で分担，結果を発表し，グラフをつくる。グループで課題を予想しグループ対抗ビンゴ。
調べる	スーパーマーケットを見学しよう	3時間	問題把握の段階でグループ活動ができる程度に人間関係とルールが回復したらグループ活動にする。無理な場合は保護者などにも協力してもらい，ポイントを説明しながらいっせいに見学する。質問などは事前にアンケートなどで調べておき，代表の子に言ってもらう。
まとめる	調べたことをまとめよう	3時間	見学したことをもとに一人一人が新聞を書く。文章完成式のシートに感想を書かせ，グループで発表し合う。

この状態でのグループ活動はむずかしい。問題把握の配当時間を増やし，ゲーム性のある活動を行う。2人組から4人組へと段階的に活動を広げリレーション形成。話合いは教師の指示でグループに簡単な作業や発表をさせる展開に。見学は，子ども同士のトラブル予防と学習内容の定着のために保護者の協力を得て，教師が全員を連れて回る形にする。見学のまとめも個人新聞とし，感想をグループで言い合うことで交流させることにした。

2　1時間の授業をどう展開するか？

⑴意欲を引き出す工夫（マイナスの循環を止める）

「間違ったら恥ずかしいだけだ」と学習に対して無気力になっているだけでなく，がんばっている子や教師に自分の認められないイライラをぶつける。そのため人間関係だけでなく学級のルールやマナーも低下，悪循環が始まっている。個別活動が全体に認められる形を工夫する。

構成スキル❷ 学習評価の目安

作業的な活動を増やし，自信をなくして無気力になっている子に達成感をもたせる。

構成スキル❸ 授業場面のデザイン

一斉授業の前に2人組や4人組の活動を入れ，全員が学習に参加する機会を確保する。

構成スキル❹ 授業進行のデザイン

グループ活動で無責任にならないように教師が一人一人の分担を平等に指示，ルールを守って学習に参加する体験をさせる。

構成スキル❺ 時間・インターバルの設定

学習に対する緊張を解くために，授業の導入時に短時間でできる2人組のゲームやエクササイズを取り入れる。

⑵学級状態への対応（リレーションの再形成）

ルールとリレーションの再形成には，それが自分にとって心地よいものであるという体験が必要である。学習内容の理解と直結しなくても，短時間で繰り返しできるような取り組みから始めたい。

展開スキル－対応❹ 集団の雰囲気づくり

授業導入時のゲームなどで緊張を緩和するとともに，取り組む姿勢や様子とルールやリレーションの状態を結びつけてフィードバックし，雰囲気を盛り上げる。

構成的スキル❸ 授業場面のデザイン

子どもたちになじみのあるビンゴの形式を活用して予想をさせる。具体的には，グループで学習問題に対する予想をし，それをビンゴ用紙に記入，グループで順番に発表しほかのグループと同じだったら○を付ける。一人一人の考えが交流できるように，発表されたことは教師が板書して整理する。

問題解決型の授業

3 授業案 ……………… リレーションの確立がかなり低い学級

グループで見学　社会「スーパーマーケットのひみつ」３年

1　導入（学習活動と教師の働きかけ）

授業に入る

１．２人組で「サケとサメ」「背中合わせの会話」で集団の雰囲気づくりをする。

「まず最初に『サケとサメ』をします。３回目だからルールは大丈夫ですね。では，行きますよ。サ，サ，サ，サ，サケ！　サ，サ，サ，サ，サメ………」などと４～５回繰り返す。

「今度はチームワークをよくする『テレパシーゲーム』です。昨日より力が進化しているといいですね。では，背中合わせになってください。まず，サケが１～５までの数字を思い浮かべ，サメにテレパシーで30秒間送り続けます。用意，スタート！…30秒後…やめ！　せーので指を出してください。せーの！　うまく伝わったペアは手をあげてください。昨日より多いですね。では，今度はサメが送りサケが受けます。用意，スタート！（以下略）」

２．前時の学習内容を想起する。

「さて，前の時間に４人組のデータをクラスで合計したら３年○組の家の人が一番たくさん買い物に行ったのはスーパー△△でしたね。合計120回も行ったなんて先生はびっくりしちゃいました。みんなはどうかな？」

課題設定

３．本時の課題を設定する。

「今日は『スーパー△△で買い物をする人が多いのはどうしてか』予想をしてみましょう」

（活用するスキルの解説）

集団の雰囲気づくり　座席の隣同士を活用してできる簡単なゲームやショートエクササイズを導入で実施し，子どもたちの緊張を緩和し，学習に向けての集団の雰囲気づくりをしたい。「背中合わせの会話」（『エンカウンターで学級が変わる　ショートエクササイズ集パート１』所収）は本時では中学年の発達段階を考慮し「テレパシーゲーム」という形で実施した。「サケとサメ」ではサケは２人組の右，サメは２人組の左などと決めておくとよい。（河村茂雄『学級崩壊予防・回復マニュアル』図書文化，49頁）

賞賛　取り組んでいる様子やペアの一致度をリレーションの回復と結びつけ全体に紹介する。

自己開示　買い物調べの結果について感じたことをできるだけ親しみやすい口調で表現する。

提示　学習問題を紙に書き，板書の代わりに黒板に貼る。

2　展開（学習活動と教師の働きかけ）

予想の話合い

４．予想についてグループで話し合う。

「まず，それぞれのグループで自由に予想をしてみます。思いついた人からどんどん言ってください。１番さんは，カードにメモをしてください。自分も言っていいですよ」

「では，出た考えを一番なるほどと思う順に番号を付けてください。その次は，９マスのビンゴ用紙に書き入れます。考えが９個なかったグループ

（活用するスキルの解説）

授業進行のデザイン　**指示**　座席番号で役割を指示し，一人一人が役割を分担して学習する体験をする。

1	2
3	4

授業場面のデザイン　ビンゴで見せ合いながら意見交流できるようになる。

提示　思いついたことをメモする部分とビンゴのマス目を書いた学習カードを配布，ゲーム性を取り入れて予想させる。数字ではなく言葉によるビンゴを「好きな食べ物」などで体験して

は，ビンゴになるように記入の仕方を工夫してください。真ん中にはどのグループでも出ていそうなものを入れると有利ですね」

5．グループの予想を発表する。

「1班からなるほどと思う順に発表します。前のグループに言われたものはもう言えません。違うものを言ってください。自分のグループが言ったものには○を付けます。また，他のグループが言ったものと同じものにも○を付けます。リーチになったら立ってください。ビンゴしたら上がりです。では，お願いします」

・出た意見は整理して板書する。
「ねだんが安いから」「いろいろな種類のものがあるので，買い物が1軒ですむから」「よく安売りをするから」「駐車場が広いので車で行くのに便利だから」

おくと期待感を刺激できる。無理な場合は，カードを拡大しそれをもとに説明する。

スーパーマーケットのひみつ学習カード
（　　　）班

スーパー△△で買い物をする人が多いのはどうしてか

1．予想メモ

2．ビンゴ

3　まとめ　（学習活動と教師の働きかけ）

（活用するスキルの解説）

学習事項のまとめ

6．出た予想をまとめる。

「それぞれのグループの予想をまとめると，こんな感じでしょうか。確認してみましょう」

・板書にまとめたものを読む。

7．次時の予告と指示。

「今日は，みんな，グループごとに熱心に話合いをしていましたね。また，1番さんの司会に従ってきちんと話合いができました。仲よく話合いができるようになってうれしいです。この次の時間は，どうしたらみんなの予想を確かめられるか話し合いたいと思います。どんな方法があるか考えておいてください」

「では，今日同じグループで『ありがとうございました』とあいさつしてください」

賞賛　リレーションだけでなくルールが崩れ始めた場合は，子どもたちに率直に学級の状態を説明し，めざす状態（めあて）を説明するとともに軌道修正のための取組みについての理解を求めることが前提となる。その上で授業の終わりに，本時の子どもたちの学習状況をフィードバックし，その努力やがんばりを強化する。できるだけ，自分の子どもたちの変容に対する喜びを自己開示するように心がけたい。

授業場面のデザイン　グループ同士であいさつをし合い，ルールやマナーを守る心地よさを体験させる。

〈アレンジのポイント〉

教師と子ども，子ども同士のリレーションが欠如し，さらにルールの遵守にも影響が出ている場合は，まず，子どもたちの緊張状態を徐々に解いていく配慮が必要である。発達段階に合わせ，ゲーム性のある学習を工夫したり，教師が役割から抜け出て一人の人間として接したりする努力が必要である。

リレーションの確立が低い学級
3. 実験

問題解決型の授業

授業場面例
理科：実験
体育：ゲーム（試合）
図工：共同制作

こんなとき，どうする!?

一見静かに落ち着いて見えるが，グループで予想や結果をまとめたり，後片づけをしたりするときに，一部の子だけが活動をリードし，ほかの子はまったくついていけない。問題さえ把握していない子どもがいるため，活動が消極的で学習内容の定着が図れないほか，トラブルに発展することもある。

授業スキル活用の公式

一人一人の実体験を踏まえ，具体的なイメージをもたせる。役割意識をもたせる。

やや低い学級は108ページへ　かなり低い学級は112ページへ

事例　実験　　理科「水溶液の性質」６年

❶ 標準的な単元配当（12時間）

導入	酸性雨の影響から水溶液の性質を予想しよう	2時間
一次	水溶液と金属の関係を調べてみよう（本時）	4時間
二次	水溶液のなかま分けをしよう	2時間
三次	気体が溶けている水溶液を調べよう	2時間
四次	水溶液の性質についてまとめよう	2時間

グループで，問題意識を共有し活動を展開していくことが中心になる。そのためには，一人一人の考えを交流し，それぞれの子どもが認められる工夫が必要である。また実験・観察が安全に効率よく行われるように，グループでの助け合い，協力が不可欠である。

❷ 標準的な指導案

本　時　水溶液と金属の関係を調べてみよう（１・２時間目／一次）

ねらい　水溶液には金属を変化させるものとさせないものがあることを理解する。

	学習活動と主な発問	留意点
導入	１．前時の結果を想起させる。 「鉄とアルミニウムにうすい塩酸を加えていったらどうなりましたか」 ２．本時の課題を確認する。 「塩酸のほかにも鉄やアルミニウムを変化させる水溶液があるか調べる」	・前時のノートもしくはワークシートを参照させる。 ・前時の話合いの中で本時の課題を確認する。また，学校で用意する水溶液以外に調べたいものを班で用意させるとよい。
展開	３．実験の結果をグループで予想する。 「うすい水酸化ナトリウム水溶液や食塩水，自分たちで準備した水溶液は，鉄やアルミニウムを変化させるでしょうか」 ４．ルールに従って実験をする。 「試験管に鉄とアルミの板を入れ，水溶液を入れ，変化を観察しましょう」	・前時の実験の結果や生活経験をもとにグループで話し合わせ，予想を書き込ませる。 ・教師が授業前に机上に準備しておくもの，直前に配布するもの，グループごとに用意するものを区別しておく。 ・金属片の入れ方，ピペットの使い方，薬品の入れ方，薬品の量は前時に確認済み。
まとめ	５．実験の結果をまとめる。 ６．次時の課題と活動を確認する。 ７．グループで協力して後片づけをする。	・うすい塩酸を入れたときの鉄やアルミニウムの変化とほかの二つを比べさせる。 ・ワークシートに次時の課題を記入させる。

リレーションの確立がやや低い学級の場合

授業はこんな状態

用具の準備や片づけは，気の弱い子や普段積極的に学習に参加している子が押しつけられがちである。苦情を受けて教師が指示をすると，いやいややり始める。またグループで話し合って予想や結果をまとめるときも，私語や手あそびをして参加しない子がいる。４人グループの場合，気の利いたリーダー役の子とある程度協力する子が２人いれば活動はほぼ展開できるが，かき乱すような子がいるとむずかしい。

1　単元計画をどう変えるか？

①一人一人の体験を生かして導入を行う。

②自分の体験を交流し合う場面を設定する。

変更した単元の指導計画

導入	身近な酸の特徴や働きについて知ろう	２時間	一人一人にクエン酸をなめたり，レモン汁で十円玉のさびを落としたり，リトマス試験紙にクエン酸水溶液やレモン汁をつけてみたりさせる。考えたことや感想を２人組で話し，４人組で相手の話を紹介させる。
一次	水溶液と金属の関係を調べてみよう（本時）	４時間	教師がマグネシウムにレモン汁を加える演示実験をしながら手順を説明し，細かい分担を指示する。それを受けて，グループで実験や話合いをさせる。
二次	水溶液のなかま分けをしよう	２時間	一次で使った水溶液や教師が用意した身近な果物や野菜や水溶液についてリトマス試験紙を使ってなかま分けをする。
三次	気体が溶けている水溶液を調べてみよう	２時間	二次で使用した炭酸水から出る気体を集め，石灰水やろうそくの火を使って二酸化炭素であることを調べたり，二酸化炭素を水に溶かしたりする。
四次	水溶液の性質についてまとめよう	２時間	学習したことをまとめる。また，４人組で「なるほど・びっくりベスト３」を発表し合う。

グループ活動であるが，実体験や経験をもとに，一人一人に感想や考えをもたせる。リトマス試験紙を使う体験は，二次にも生かせるように工夫した。さらに四次では，学習のまとめの中で自分の体験をもとに交流し合う場面を設定した。

2　１時間の授業をどう展開するか？

⑴意欲を引き出す工夫（マイナスの循環を止める）

「自分が発表しなくてもだれかがやってくれる」という他人頼みの態度，「どうせ自分なんかうまくできないからやってもむだ」という開き直りが，無気力で無責任な学習態度になっている。自分が直接かかわらざるをえない場面を設定し，責任感をもたせるとともに参加する楽しさを味わわせる展開にする。

構成スキル❸／授業場面のデザイン

教師が質問して子どもが答える式の授業は，今まで無気力な態度であった子どもが積極的に参加するにはハードルが高い。その理由は高学年になると仲間の目を気にするからである。そこで，まず１人作業→２人組の話合い→４人組の活動と広げてきた単元導入でのウォーミングアップを生かし，授業の最初にグループのあいさつ，最後に授業の感想の発表とあいさつをし合う場面を設定する。

構成スキル❹／授業進行のデザイン

グループの話合いの司会および結果発表者を座席順に輪番制で決め，授業の最初にその日の担当を確認することで，責任の所在を明確にする。また，実験の準備や片づけの分担は子ども任せにせず座席順を活用して全員を順番にかかわらせる。

⑵学級状態への対応（リレーションの再形成）

展開スキル－能動的❷／指示

準備や片づけは，「何番さんは～を取りに来てください」「～をお願いします」などと柔らかい言い方を工夫する。渡すときは相手の目を見て「ご苦労さん」と声をかける。

展開スキル－能動的❹／提示

実験の楽しさを印象づけ意欲を喚起するために，教師が手順を説明しながら，できるだけユーモアたっぷりにマグネシウムとレモン汁の反応実験をやって見せる。子どもをあっと思わせたら教師への信頼を回復でき，親しみも湧く。腕の見せ所である。

展開スキル－対応❷／賞賛

グループの意見の発表の後，話合いの様子についてよかったところをフィードバックしたり，他のメンバーに付けたしがないか聞き，答えたらチームワークのよさをほめ，グループの協力体制を強化し，リレーションづくりをする。

問題解決型の授業

3 授業案………リレーションの確立がやや低い学級

実験　理科「水溶液の性質」６年

1 導入　（学習活動と教師の働きかけ）

授業に入る

１．前時の結果を想起させる。

「クエン酸をなめてみたり，レモン汁を十円玉にかけてみたり，リトマス試験紙にこの二つをつけてみたりしましたが，何がわかりましたか」

・クエン酸の味は酸っぱくてレモンなどに含まれている。レモン汁は銅のさびを溶かし，青色リトマス紙を赤に変える性質をもっている。

課題の確認

２．本時の課題を確認する。

「今日は何を調べるのかな」

・発問「クエン酸のほかにも金属を溶かす水溶液があるのだろうか」

動機づけ・演示実験

３．教師実験を見ながら手順を理解させる。

「まず，マグネシウムという金属に前の時間に使ったクエン酸を加えるとどうなるかやってみます。マグネシウムは写真屋さんが使うフラッシュに使われています（実際に火をつけて見せるとわかりやすい）。金属を入れるときは，このように試験管を斜めにしてすべらせるように入れます。試験管立てに立てます。これにタネも仕掛けもないただのレモン汁つまりクエン酸水溶液を加えてみます。ピペットのゴムのところを親指と人さし指で押し，液に先を入れ，このように離すと，はい見事に汁を吸い上げます。ピペットの先は割れやすいので気をつけてください。入れる量は試験管の５分の１のところまでです」

「泡が出てきましたね。この泡は水素です。火を近づけると危険です。試験管にさわると少し温かくなっています」

（活用するスキルの解説）

授業場面のデザイン　授業開始前にグループで「よろしくお願いします」とあいさつする。

発問　提示　クエン酸・レモン・レモン汁につけた十円玉を見せながら発問し，前時の活動を思い出させる。

提示　前時のワークシートを参照させる。また，まとめを書いたカードを用意し黒板に貼る。

時間・インターバルの設定　単元の導入時に基本的な実験器具や薬品の扱い方を説明し，練習をしておくとよい。注意などは常に掲示しておきたい。

提示　本時で使用するワークシートをグループを回りながら配布する。

提示　可能ならマジシャン風の説明をすると親しみが湧く。実験のやり方を板書するか掲示するかできるとベスト。水溶液以外の実験器具は事前に机上に配布しておくと実験のシミュレーションになる。

授業場面のデザイン　教師実験は中央の子どもの机を空けておき，そこで行うとよい。実験後に水溶液の残りや使った道具を集めるのにも便利である。座席番号も決めておく。

〈理科室の座席配置の例〉

2 展開　（学習活動と教師の働きかけ）

実験

４．実験で使う水溶液を配布する。

「では，いよいよグループ実験に入ります。今日の話合いの当番は１番さんです。司会と発表をお願いします。水溶液を配ります。２番さんは，う

（活用するスキルの解説）

授業場面のデザイン　指示　実験の準備や後片づけは座席番号を活用して担当者を指名。責任の所在を明確にするとともにグループ全員で取り組む体験を積み上げる。取りに行く際は一方通行の原則を事前に決めておくとよい。分担はで

すい塩酸を取りに来てください。（全グループが済んだら）３番さんは食塩水を取りに来てください。（全グループが済んだら）４番さんはうすい水酸化ナトリウムを取りに来てください」

５．試験管に金属を入れ，水溶液を入れる。

「次は，試験管に金属片を入れます。１番さんお願いします」

「いよいよ水溶液を入れます。赤シールの試験管にはうすい塩酸，黄色シールの試験管には食塩水，青シールの試験管にはうすい水酸化ナトリウム水溶液をピペットで入れます。２番さんはうすい塩酸，３番さんは食塩水，４番さんはうすい水酸化ナトリウムが担当です」

「入れたら変化の様子を観察しましょう」

きたら掲示したい。手渡すときは笑顔で「ご苦労さん」と声かけをする。

提示　水溶液の名前のラベルをビーカーに貼ったり，試験管を入れる水溶液ごとにシールで色分けしたりし，間違えないよう配慮する。

授業場面のデザイン **指示**　だれが作業を担当するのか指示をして全員にかかわらせる。自分たちで協力してできそうだったら任せる。ピペットがグループに３本ずつ用意できない場合は，違う水溶液を入れる前に水洗いすることを指示する。

３　まとめ　（学習活動と教師の働きかけ）

（活用するスキルの解説）

学習事項のまとめ

６．結果とわかったことをグループでまとめる。

「実験の結果とわかったことをグループでまとめます。司会は１番さんです。グループで話し合って，発表の準備ができたら立ってください。５分間でお願いします」

７．結果とわかったことを発表する。

「１班から，お願いします」

８．発表を生かしてまとめをする。

９．グループで授業の感想を言い合う。

「グループで今日の学習の感想を発表し合いましょう。司会の１番さんお願いします」

10．次時の予告と片づけの指示をする。

「今日は実験も話合いも協力してできました。この次の時間にはこの試験管の中の金属片がどうなったかを確かめましょう」

「今日の片づけについて説明します。水溶液の残りは真ん中の机の大きいビーカーの中に入れ，洗ってかごに返します。…中略…分担はこの表のとおりです。片づけが全部終了したら１番さんは報告してください。ではお願いします」

賞賛　グループを回りながら話合いの様子を観察，活発なグループやチームワークのよいグループに直接声かけをして認めたり，グループ発表のときに全体にフィードバックしたりする。

集団の雰囲気づくり　発表内容にかかわらず認め，全員で拍手をする。

集団の雰囲気づくり **提示**　「今日の学習は～でした。理由は～です」と発表し，他のメンバーは拍手をするなどの約束や司会の仕方のマニュアルを用意しておくとよい。

提示　だれが何をどこに片づけるか分担を明確に指示する。分担表を掲示するか板書したい。

集団の雰囲気づくり　報告に対して「ご苦労さまでした」とねぎらい，最後はグループで「ありがとうございました」とあいさつさせ，教室に帰す。

〈アレンジのポイント〉

リレーションがないときには，分担や交流を子ども任せにせず教師が構成し，パターン化する。慣れてくると指示をしなくても自主的にできるようになり，徐々にチームワークが高まっていく。

リレーションの確立がかなり低い学級の場合

授業はこんな状態

グループで仕事を押しつけ合う。また教師の説明を聞いていない子が増え，どうしていいかわからないグループも出てくる。たとえ聞いていても，ちょっとミスをしただけで文句を言われるので手を出しにくい。注意すると「うるせえな。おまえのせいで怒られたじゃないか」などと子ども同士の言い合いが始まる。また，「さすがー。優秀なヤツは違うね」などと冷やかされけんかになる。教師は仲裁に追われ，授業の進行をストップせざるをえなくなる。「かったりー。やってらんねー」とこれみよがしに教師の指示に反抗する子も出てくる。

1　単元計画をどう変えるか？

①グループが輪番制で実験を担当，教師の指導のもとで代表実験を行う展開にする。

②ワークシートに意見を記入させ，それを整理して教師が伝える形で話し合う。

変更した単元の指導計画

導入	身近な酸の特徴や働きについて知ろう	1時間	一人一人にクエン酸をなめたり，レモン汁で十円玉のさびを落としたりさせ，結果や感想をワークシートに記入させ提出させる。
一次	水溶液と金属の関係を調べてみよう（本時）	4時間	グループごとの実験ではなく教師と担当グループによる実験を他の子どもたちが見る。教師が確認した結果やわかったこと，次の課題の予想をワークシートに記入させ，提出させる。コメントを書いて次の授業の前に返却する。これを繰り返す。この単元で使用するシート用ファイルを用意する。
二次	水溶液のなかま分けをしよう	2時間	
三次	気体が溶けている水溶液を調べてみよう	2時間	
四次	水溶液の性質についてまとめよう	3時間	水溶液の性質について内容を指定した部分と自由コーナーからなる新聞にまとめさせ，一人一人にコメントを書き，掲示する。

指示が徹底しない状態では，薬品の事故につながる危険性もある。安全を考慮し，教師の指導のもとで代表実験を行う。また，話合い活動の時間をあえてとらず，ワークシートに記入して教師が伝えるという形をとる。学習のまとめでは，押さえたい基本的な内容が虫食い文や選択肢の形になっている部分と，自由に構成できる部分からなる新聞シートを使用し，学習内容の定着を図った。

2　１時間の授業をどう展開するか？

⑴意欲を引き出す工夫（マイナスの循環を止める）

まじめに取り組もうとする子たちの足を引っ張る子や教師の注意に反抗する子が出てきて，教師と子どもたち，子どもたち同士の関係が険悪になってきている。まず子ども同士のトラブルが起きそうな場面を減らし，ほかの子の目を気にしなくてもすむところから教師と子どもの関係を回復していく必要がある。

構成スキル❶／リーダーシップの発揮レベル

まず，この単元は扱いに注意しないと危険な薬品を使用するので，現在のクラスの状態では心配であることを，責める言い方ではなく率直に説明する。そのうえで，全員の安全を確保するための実験の仕方や授業の進め方を説明し，理解を求める。

構成スキル❹／授業進行のデザイン

実験担当グループを決め，放課後や休憩時間に準備するものや一人一人の分担，実験の手順などの打ち合わせをする。可能ならば実験のリハーサルをしておく。当日の準備も一緒にやる。その際，できるだけ教師が子どものころの失敗談や雑談をしたり，準備してくれたことに対して感謝の言葉をかけたりして，かかわりをもつよう心がける。

⑵学級状態への対応（リレーションの再形成）

リレーションの再形成は，教師と一人一人の子どもとの１対１の関係から始める。全体の前で声をかけても友達の目を気にしたり照れたりして素直に受け入れることができなくなる年ごろである。教師の善意や好意が無になることは，受け入れることができなかった子どもにも挫折感を与える。

構成スキル❺／時間・インターバルの設定

実験担当グループの授業開始のあいさつから，終わりのあいさつまで，テンポのよい定番の授業の流れを決め，繰り返し体験することでルールを回復する。また，学級集団から切り離し，小グループと教師のかかわりを通してリレーションを回復する。

展開スキル―能動的❹／提示

ワークシートとファイルを用意し，学習への見通しと達成感をもたせる。教師の一人一人へのコメントをつけてプラスのフィードバックを積み上げていく。

問題解決型の授業

３ 授業案………リレーションの確立が かなり 低い学級
実験　　理科「水溶液の性質」６年

１　導入　（学習活動と教師の働きかけ）

授業に入る

１．前時の結果を想起させる。

「前の時間にクエン酸をなめたり，レモン汁を十円玉にかけたり，リトマス試験紙につけたりして，クエン酸の味は酸っぱくてレモンなどに含まれていることやレモン汁は銅のさびを溶かし，青色リトマス紙を赤に変える性質をもっていることがわかりましたね。みんなのワークシートの感想には，〜が書いてありました」

課題の確認

２．本時の課題と実験担当グループを確認し，ワークシートに書かれた予想を紹介する。

「今日は，『クエン酸のほかにも金属を溶かす水溶液があるか』調べるのでしたね（課題を板書する）。うすい塩酸は溶かすけど，食塩水やうすい水酸化ナトリウム水溶液は変化なしという予想が多かったようです」

「今日の実験担当は，１班です。お互いにあいさつをしましょう。『よろしくお願いします』」

・実験担当グループを前に並べ紹介する。

（活用するスキルの解説）

発問 提示　クエン酸・レモン・レモン汁につけた十円玉を見せ，前時の活動を思い出させる。また前時のワークシートにコメントを書き，ファイルを配布し参照させる。まとめを書いたカードを用意し黒板に貼ってもよい。主な感想をメモしておきここで紹介したい。

リーダーシップ 説明 提示　単元の導入時に基本的な実験器具や薬品の扱い方を説明しておく。注意などは常に掲示しておきたい。

授業進行のデザイン リーダーシップの発揮レベル　事前に，実験担当グループと打ち合わせや役割分担をしておく。可能ならリハーサルをする。その際，実験の手順の説明だけでなく個人的な話や自分の子どものころの失敗を話すなど楽しい話題を心がける。また，小さな努力も認めほめたり，感謝したりする。当日の準備も一緒にやり，教師とチームを組む体験をする。実験担当を紹介し，責任の所在を明確にするとともに，あいさつでメリハリをつける。

２　展開　（学習活動と教師の働きかけ）

実験

３．実験を始める。

「では，実験を始めます。移動する人はお願いします。（移動を確認した後）まず，初めに試験管に金属片を入れます。アルミニウムと鉄です。試験管を斜めにしてすべり込ませます。なかなか上手ですね。それを試験管立てに立てます。入れる水溶液を間違えないように塩酸は赤シール，食塩水は黄色シール，水酸化ナトリウム水溶液は青シールを貼って区別してあります。今から，水溶液を入れます。よーく変化を観察しましょう。うすい塩酸を入れた試験管からは泡が出始めました。どちらも金属の表面から出ているようですね。アルミニウムと鉄ではどちらがよく出ているかその様子を観察しましょう。うすい水酸化ナトリウムを入れた試験管はアルミニウムのほうだけ泡が出

（活用するスキルの解説）

授業場面のデザイン　実験は見やすいように中央の子どもの机を空け，そこで行う。よく見えない子どもたちは周囲に移動させる。事前にどのグループの何番がどこに動くか決めておくとよい。座席番号も決めておくと指示しやすい。

〈理科室の座席配置の例〉

1　2 3　4 1　2 3　4	ここで 実験を する。	1　2 3　4 1　2 3　4
1　2 3　4 1　2 3　4	1　2 3　4 1　2 3　4	1　2 3　4 1　2 3　4

ています。食塩水はどちらも変わりませんね。この泡は水素という気体です。火を近づけると爆発するので危険です」

・実験する様子を教師が実況中継しながら，ポイントを説明したり，板書したりする。

「では，移動した人は席に戻ってください。ワークシートに結果を書き込みましょう」

「次に順番に試験管にさわってもらいます。２班さん来てください。この結果もワークシートに記入してください」

・順に呼び，試験管をさわらせ，泡が出ているものは温かくなっていることを確認させ，ワークシートに記入させる。

「試験管の様子をもう一度確認してみましょう。うすい塩酸を入れたアルミニウムはもう形がなくなってしまいました。同じくうすい塩酸を入れた鉄は…」

・試験管を見せながら結果を確認する。

説明　観察の仕方に個人差が予想されるので，押さえておきたいところを解説し板書に残す。

授業場面のデザイン　指示　移動した子をいったん席に着かせ，その後，グループを指名して，教師の目の届くところで試験管にさわらせる。少人数の場を設定し，押さえておきたいところを説明する。

提示　時間経過に伴う金属片の変化を，各グループを回り，試験管を見せて説明し，確認させる。

３　まとめ　（学習活動と教師の働きかけ）

（活用するスキルの解説）

学習事項のまとめ

４．ワークシートにわかったことや感想をまとめる。

「実験でわかったことや感想をワークシートにまとめましょう。今日実験を担当してくれた１班についての感想も書けるといいね」

５．１班の代表の人にまとめを読んでもらう。

６．１班の一人一人に今日の感想を言ってもらう。

７．次時の課題「水溶液に溶けていった金属はどうなったのか」を板書しワークシートに記入させ，結果を予想させる。

「溶けた金属片はいったいどうなったのでしょうか。予想をワークシートに書きましょう。同じ班の人には相談してもいいですよ。終わったら１番さんはファイルを集めて持って来てください」

「この後，１班と先生で後片づけをします。最後に１班に『ご苦労さまでした』と言いましょう」

８．１班と一緒に後片づけをする。

提示　まとめや感想は「水溶液には金属を（　　）ものと（　　）ものがある。水溶液や金属の種類によって（　　）が違う」などと文章完成法の形にすると一人一人で作業でき，学習内容の最低ラインの定着が確保できる。

集団の雰囲気づくり　自分の担当と感想を発表させる。教師は本時の様子だけでなく準備やリハーサルの様子も含めてがんばったことを全体にフィードバックする。全員が言えるように事前に確認し，思いつかない子がいた場合は一緒に考える。発表した後は必ず拍手をさせる。また，最後に全員で実験担当班に感謝する。

授業場面のデザイン　コメントを通して一人一人の意欲を刺激するために，課題と予想をここで書かせ提出させる。

時間・インターバルの設定　一緒に作業をしながら，一人一人に声をかける。

〈アレンジのポイント〉

集団から離れて共に作業する場を意図的に設ける。また，ワークシートのコメント，前時の感想の全体へのフィードバックなどで，教師と子どもや子ども同士の交流を構成し，集団のマイナスの力を排除した枠の中でリレーションを回復する。班や座席順の活用などで動く子を限定していっせいに動く場面を減らし，全体が騒然となるのを防ぐ。授業のパターンを定着させることでルールを回復していく。

リレーションが低い学級での 実践紹介

グループの活動が苦手だった学級

台東区立台東育英小学校
朝日　朋子

小学校中学年ともなると，グループの活動や協力し合って学習を進める場面が多くなる。しかし，この学級は，答え合わせの際，ノートの交換をしてお互いに○を付けるように言っても，上手にできない。気持ちや感想を話し合う活動では，話合いが成り立たないグループが必ず２～３出てきてしまう。つまり，リレーションができていなくて，ルールの確立が低い学級であった。そこで，次のアプローチにより，グループ活動の成立をめざすこととした。

①集団活動の楽しさをわからせる工夫

活発な児童が多い学級だったので，集団としてのダイナミックな活動を取り入れるようにした。学級活動，休み時間を利用してのドッジボール。集団活動で行うクラス対抗大なわ大会に向け，全員で練習をした。構成的グループエンカウンターも取り入れ，身体を使ったゲーム性の高いもの，「団結崩し」などを中心に行った。子どもたちは気持ちを一緒にするようになっていった。

②個々の学習を確立させ，グループ活動へ

「総合的な学習の時間」では，当面は個別の活動を中心にし，個々の学習状況をていねいに見るようにした。つまずきのある子どもには，個別に指導をするよう努めた。「考えればできる」という思いを育てながら，同時に「先生はいつも見ているよ」というメッセージを伝えた。１学期を過ぎるころから，徐々に学習への取組みに落ち着きがみられるようになってきた。

③グループの役割を与える

班の中で「記録係」「発表係」などの役割を明確にして，グループ活動を仕組んでいった。役割が明確になると，子どもたちは一生懸命活動する。結果，グループの活動が徐々にできるようになってきた。学年後半には，エンカウンターでも，「いいとこさがし」のようなお互いの内面に迫るものに取り組める集団へ成長していった。

自信とルールを育てる遊び

秋田市立上北手小学校
鎌田　直子

低学年（小学校２年生）を担任していたときのこと。授業中，私語が目立ち，一生懸命がんばる子どもと何もしようとしない子どもに分かれ，取組みに差が目立つ学級であった。何もしようとしない子どもの様子をみていくと，自分のよいところを知らない子どもが多いということに気がついた。自分に自信がもてず，さらに担任である私に認めてもらいたがり，いたずらを繰り返したり，授業中目立ちたがり，「できない！」とさわいでいるという実態がわかってきた。そこで，子ども一人一人が自分のよいところを見つけ，それをお互い認め合えるような学級づくりを目標に授業改善に取り組んできた。

私は，子どもたちがお互いに刺激し合い，磨き合い，友達同士の関係を深くすることにより，お互いのよいところを認め合うきっかけをつかむことができるのではないかと考え，生活科に「遊び」を取り入れた。授業に関してはなるべく，教師の指示を多くせず，最低限のルールを確認するのみにとどめ，積極的にほめるように努めた。そして子どもの願いを十分引き出し，「自分たちだけでこんなにできるんだ」という自信をもたせるような展開を考えた。つまり，「遊び」を通して子どもの願いを引き出し，その中で特に「昔遊び」に出合わせ，さまざまなことを学びながら技を獲得。そして「昔遊び」を通して感じたことを表現する。

この活動を通し，「できるまで粘り強くがんばる気持ち」「できたときの喜び」「遊びを介して，競争，教え合い，我慢，譲り合いなどのかかわり」「ルールを守ることの大切さ」などを身につけることができた。

「できるようになった」「みんなが認めてくれた」という，安心感・安定感は自信を生み，やる気に転化していったと感じている。自信をつけた子どもたちは，ほかのことにも意欲的に取り組むことができるようになっていった。

「授業進行のデザイン」を生かす

岐阜大学教育学部附属小学校
木村　正男

低学年の担任をしていたときのことである。教師が主導権を握り，教師の話は聞ける子どもたちになっていた。研究授業をすると「もっと子どもたちの対話があるとよい」と指摘を受けたりした。確かに，教師～子ども，子ども～教師という対応の授業が続いていた。当然日常でも子どもたちのかかわりは固定化しているように感じた。

そこで授業進行のデザインを再度見つめ直すこととした。算数の授業に着目した。週時数が多いことと，パターン化した授業が組みやすいからである。問題提示から課題づくりまでは従来どおりに教師と子どもで話し合って進める。しかしその後の個人追求の時間には，仲間との自由交流の時間を設けた。個人追求の後には全体交流を行い，練習問題をして授業のまとめとした。このパターンを繰り返し進めていった。低学年なので，最初は隣との交流で進め，慣れてきたところで完全な自由交流を位置づけていった。

このように授業スタイルを変えてみると，授業にとても活気が出てきた。子ども主導の時間が出てきたからだろう。授業中のつぶやきも多くなった。自由交流で自信をつけた子どもは全体交流でも意欲的であった。全体交流でも，子ども同士だけの交流を保障すると，さらに授業は活気づき，深まりも出てきたように感じた。

授業進行のパターン化とともに，自分たちが主体になる場面を取り入れることで，子ども同士の対話が増え，授業中の集中度も増していったように感じている。算数の実践が他の授業にも転移し，同じように自由交流をしたがる子どもが増えてきたことも大きな成果であったように思う。

教科の授業を通しながら，子どもたち相互のかかわりを深めていくことができるのだと強く感じられた実践であった。他の学年の担任となった今でも，当然その授業スタイルは大切にしていることは言うまでもない。

小規模校での授業の工夫

三戸地方教育研究所
小泉　一純

小規模校では教師が一人一人の子どもの状態を把握して授業を行いやすいという長所もあるが，同じメンバーでいつも一緒に活動する機会が多いことから，教師の子どもに対する「思い込み」と子ども同士の「固定化された人間関係」の中で授業を進めることがある。さらに，一人の子どもの影響が大きくなる場合もある。

1．学級状態について

3・4年生（12名）の複式学級で，日ごろから一人の子（A児）が場を考えずふざけたり，ほかの子とトラブルが多く学級の雰囲気を壊している。このため，学級の中でのリレーションの確立が低い状態である。このA児とみんなが気持ちよくつきあうことができ，学級の雰囲気をよくしていくにはどうしたらよいか。

2．授業をどのように改善したか

「構成スキル③授業場面のデザイン」にあるように，総合的な活動や学習発表会の歌においてグループ活動（能力別や興味・関心別）を積極的に取り入れ，それぞれの班が取り組むことのできる内容を決定し，活動を行った。「展開スキル－能動的⑤活動の促進」において，A児に個別に教師側から日ごろからの声かけと支援を行い，「対応②賞賛」「対応③注意」として，個々の連絡帳を用いて多様な視点からほめ，注意する際はできるだけ個別に行った。

3．改善した授業の様子

男子の中に今までよりも積極的に活動したり，友達に教えたりする姿がみられ，女子と教師がコミュニケーションをとれるようになった。

このことから，学級の中でリレーションの確立がなされてきたと思う。

担任からは，「子どもたちの意外な面を改めて知ることができた」「子ども同士でも，今までとらえることのできなかったよい面を認められるようになった」という感想が述べられている。

自分の考えを述べられる集団

山形県教育庁庄内教育事務所
佐藤　克彦

答えが決まっている発問に対しては積極的に手をあげて発言する子どもが多い。しかし，自分の考えや感想を述べる発問にはほとんど手があがらない。この傾向は，道徳の時間に顕著だった。「今のお話にだれが出てきましたか」など，資料の記述を確認する発問には，積極的に手があがる。しかし，「○○さんのしたことをどう思いますか」など，考えや感想を尋ねた途端に下を向いてしまう。教室には気まずい沈黙の時間が流れた。

私は，原因をリレーション不足と自己開示への不安ととらえ，次のような手だてをとった。

(1)　中心となる発問に対して，ノートや学習プリントに自分の考えや感想を書かせる。
(2)　4～5人のグループで，書いたことをもとに考えや感想を交流させる。
(3)　グループでの話合いで出された考えや感想を，全体の場で発表させる。

発問に対して自分の考えや感想を書くことによって，自分の立場や考えが明確になっていった。書けない児童に対しては，対話を通して考えを明確にしていった。グループでの話合いでは，書いたことをもとに話している児童が多く，書いたものが発言の拠りどころになっていた。机間指導を行いながら，気になる児童のそばで発言を援助したり，賞賛したりして意欲づけを行った。話合いが終わると，全体に広げたい考えや共感した感想などを全体の場で発表させた。最初は，各グループで一つ以上発表するように約束していたが，慣れてくるとだんだん発言が増えていった。グループの中で発言を促す姿もみられ，温かい雰囲気で授業が進んでいった。また，発問の内容に応じて，私自身も自分の考えや感想を児童に伝え，一緒に考えを深めていった。

ポイントは書く時間の確保だった。発問の厳選や中心発問の吟味で書く時間を確保する。考えを短く書く力の育成も必要だろう。

聞き合い言い合える授業の工夫

川崎市立菅小学校
高橋 由紀

6年生になって，徐々にクラスの雰囲気が硬くなり，授業も一部の子どもたちとのやり取りになってきていた。不満や不安を友達にぶつける男子，トラブルも増えていた。女子の中に小さなグループができ始め，その中の一つはリーダー格の子どもたちであった。グループ間のいさかいはないが積極的なかかわりもなく階層化が進んでいた。授業中も活発な意見交流はなかなかできにくくなってきていた。

授業では，人と学ぶ中に本当の学びがあり，互いに聞き合い，言い合える授業にすること，また「わからないことや間違いは宝物である」という姿勢を心がけた。そのために安心して言い合える関係をつくることが先決と考えた。子どものノートには必ずほめコメントを書く。特に算数では誤答を大切にし「どう考えたのか」と全員で考えた。間違えた子どもも納得し，ほかの子どもも考え方にはさまざまあるということと友達に対する理解も深まった。また互いに顔を見て話し合えるように教室内の机の位置を円に近い形にした。考え方と同時に表情が見えることで互いの思いを読み取り，学び合いにつながった。また友達とともに考えたり作業したりすることを頻繁に取り入れた。時程は板書し，活動がスムーズに行われるようにしたり，一人一人に役割があるようにしたりした。グループ内で協力している姿がみられたときは，そのことを認めほかのグループにも紹介した。算数や国語の本読みでは2人（1か月間は同じ相手），答え合わせや課題別学習は4～5人，理科や社会の調べ学習では6人ぐらいとその時々で変えた。活動後は友達のことで気づいたことを書き，回し読みした。作文や調べ学習でも数人以上の友達と交換し合い，よかったところを書いてもらうことにしていた。友達のよさに気づいた子どもも友達に認めてもらった子どもも，どちらも満足気であった。

分数ジャンケン

平塚市立金田小学校
仲手川 勉

4年生の算数で，仮分数を帯分数に変換する学習の実践例である。授業は静かに行われているが，子どもたちの積極的な発言は少なく，授業に集中できにくい子も何人かいる。学習の深まりと活気が今ひとつの状態であった。そこで，授業にゲーム性を取り入れ，子どもたちが夢中になれて，楽しみながら学習ができる展開を考えた。

初めの「2分の1ジャンケン」では，先生と「合わせてぽん」をして合った（あいこになった）人が1マス（2分の1，7.5センチ四方の半分）に好きな色を塗る。2回合うと1つ分になることを確認する。先生と5回「合わせてぽん」ができた人から，小形の折り紙（7.5センチ四方）2枚を賞品としてあげる。その後は全員が合うまで続ける。

全員が5マスに色塗りできたら，仮分数の2分の5を確認し，その後折り紙を重ねて2と2分の1の帯分数になることを確認させる。

次の「3分1ジャンケン」では，2人組になり勝った人が1マス（3分の1）に色を塗るルールとし，どちらかが8回塗れたら終了する。勝った人が「2と3分の2」になることを確認する。

4分の1ジャンケンでは負けた人が色を塗るルールとし，どちらかが11回塗れたら終了する。勝った人が「2と4分の3」になることを確認する。「5分の1ジャンケン」と「6分の1ジャンケン」ではルール（勝ちが塗るか，負けが塗るか）は子どもたちに任せた。

活気と歓声の中で授業が進み，おとなしそうな子が積極的に参加していた。負けた子の結果が，真分数・仮分数・整数・帯分数のバリエーションとなるので，楽しく遊んだ後の結果発表会では学習が深まった。ルールを子どもたちに任せたときに，「合わせてぽん」にし，2人そろって，同じ学習結果を出す2人組もいた。

シェアリングのときに子どもたちの一人一人にいろいろな気づきが表れた実践であった。

物語づくりによる認め合い

横浜市立南舞岡小学校
西嶌佐江子

本校ただ一つの単学級であり，人数が多く個性のある子どもが多い学級である。Q－Uの結果，凝集性のない拡散型と思われ，学級内が小集団で強く固まっている。無関心であったり，容認することができなかったりと学級集団としての取組みがむずかしい。反面，年度途中で2クラス編成をしたが，不安に思う子が多く，1クラス継続を望んでいた。学級集団としてのルールを確立しリレーションを深めるために，次のような手だてをとった。

国語の「物語をつくろう」の単元を活用した。お互いのよさを認め合えるようにし，学級での所属感を感じてほしいと考え，まず言葉遊びから始めた。言葉を出し合い，連想ゲームをした。出されて言葉から各自でつくる物語の中に必ず入れる4種類の共通の言葉を学級全員で決めた。その言葉を入れて全員が物語を創作した。

どの子どもも興味をもち熱心に学習に取り組んでいた。ほかの子どもたちが4種類の言葉をどのようにとらえ，物語の中に使っているかがとても気になったようで，「どのような使い方をしたかな」「できたところまででいいから読ませてほしい」などの言葉が教室内で聞かれた。お互いに作品を交換して読んだ後に，「このように共通の言葉を使うなんて面白いね」「とても素敵な使い方で私も真似をしたい」などの感想を言い合う姿が見られた。それは，今までの小集団の中だけでの人間関係だけでなく，その集団以外の子どもたちへの人間関係の広がりであると感じた。

自分を表現することも少なく，他の人のよさを認める気持ちにはなれない実態と，Q－Uによる客観的な分析により，教師の対応の方向が見えたことはよかった。今回の取組みで連帯感が生まれた。個性を認められ，自分も認められたことで学級の大切な一員であることを自覚することができたのではないかと思う。

受け入れられる実感を育てる

富山県婦中町教育センター
村田巳智子

5学年の4月。子どもたちは，仲のよいもの同士は協力ができても，ほかの子どもの目を気にしたり対立したり，なかなかリレーションを育めない状況だった。家庭的な問題を抱えるA児の喜怒哀楽の激しい言動に，ときには心を傷つけられる子どももいて，学級には緊張感が流れていた。

そこで，まず，学級での心の安定を図り承認欲求を満たすように，個別に考えたりノートに書いたりする時間をとり，朱書きや言葉かけ等を繰り返した。そのうえで，紹介したい考えや地道な努力などを積極的に「賞賛」したり，話合いに取り入れたりして意欲化を図った。最初は，教師が子どものよさを見つけ付箋にメッセージを書き，作品や連絡帳に貼っていた活動も，「子ども同士の2人組」から「小グループでの相互評価」へと互いを認め合いかかわり合う場を広げていった。

その一方で，教師が「冷やかし」「からかい」等を受けた子どもの身になって不快感や辛さ等を代弁したり，注意を促したりして学習ルールの定着に努めた。特に注意の仕方を工夫した。例えば，A児の不安定な心の状況を受容的に受けとめても，逸脱行為そのものに対し毅然と注意するリーダー性を子どもたちは求めていたからである。

また，学習に集中できるようにと，①課題を明確にし，②子ども自身が今日の授業の中で何ができたら目標を達成したかがわかるように「評価の目安」を提示し，③操作や作業，話合いなどの活動パターンや「一斉」「グループ」等の形態にも変化を取り入れるよう心がけた。

子どもたちは，学級で安心して過ごし，自分の学びや成長を自覚でき友達からも認められるようになるにつれ，友達の発言や考えを認め合いリレーションを育んでいった。その姿から「自分は周りから受け入れられている実感」が成長の支えになることを学び，私自身も元気をもらった。

第5章

ルール《規律》とリレーション《ふれあい》の低い学級の授業

ルールとリレーションの低い学級

1. 概念の理解

一斉説明型の授業

授業場面例　算数：計算練習，作図，測定
国語：漢字練習
理科：実験

こんなとき，どうする!?

説明に集中できず，私語が飛び交い，けんかが始まることもある。勝手に席を立って窓のほうに行ってしまう子もいる。目新しい計器を使用するときには遊び道具になってしまう。注意するたびに説明が中断し，聞いている子にも伝わらない。活動を始めようとすると，何をしたらいいかわからず全体が混乱してしまう。

授業スキル活用の公式

活動の時間を短くする。説明不要の，細かいステップで構成されているプリント。

授業の工夫の実際は124ページへ

事例　概念の理解　　算数「長さをはかろう」２年

❶ 標準的な単元配当（８時間）

一次	長さの単位の必要性を知り，単位「cm」を理解する	３時間
二次	下位単位の必要性を知り，単位「mm」を理解する（本時） ものさしの使い方を知る	４時間
三次	まとめ	１時間

小学校で初めての単位の学習で，測定の基礎となる長さの指導である。すでに生活の中でcmやmmに親しんでいる子も多いが，個人差は大きい。操作活動を通して具体的に理解させる工夫が必要である。

❷ 標準的な指導案

本　時　長さの単位（１時間目／二次）

ねらい　長さを表す単位「ミリメートル（mm）」と，その読み方，書き方を理解する。１cm＝10mmの関係を理解する。

	学習活動と主な発問	留意点
導入	１．はがきの横と縦の長さを簡易ものさしで調べ，課題に気づく。 「１cmより短い長さはどのように表したらいいか考えてみましょう」	・各自が持ってきた使用済みはがきの縦横を簡易ものさしで測定させ，目盛りがあればよいことに気づかせる。
展開	２．１cmをいくつに分けたらよいか，操作をしながら考え，話し合う。 「工作用紙の１マスをいくつに分けたら便利かな」 ３．実際のものさしの小さい目盛りは１cmをいくつに分けてあるか調べる。 ４．単位「mm」について理解し，はがきの縦の長さをcm，mmの単位を使って表す。	・簡易ものさしを使った経験を想起させ，目盛りがあればよいことに気づかせる。 ・１mmの実際の長さを確認させ，「mm」を何度かなぞらせて練習させる。
まとめ	５．１cmに満たない長さの表し方についてまとめ，次時の予告をする。	・実際にものさしで長さを測ってみたい物を考えさせ，意欲を喚起する。

ルールとリレーションの低い学級の場合

授業はこんな状態

教師の説明や指示を正確に聞くことができず，初めて学習する単位であるcmやmmの必要性や意味が理解されない。ものさしに興味をもつ子は多いが，初めての物に触れる興奮から学級全体がざわざわする。ものさしの正しい使い方や測定の手順などの説明を聞くことができないため，作業を適切に進められない。そのうち初めにもっていた長さを測定することへの興味も薄れ，ものさしが遊び道具へと変わる。

1　単元計画をどう変えるか？

①担任をサポートする教師を配置して指導にあたる。

②長さの比較に関心をもたせる時間を短くし，「cm」の理解や，簡易ものさしの操作に十分に時間をかける。

変更した単元の指導計画

一次	長さの単位の必要性を知り，長さの普遍単位「cm」を理解する	3時間	簡易ものさしでの測定が正確にできるよう，十分に練習時間を確保する。
二次	長さの普遍単位「mm」を理解する ものさしの使い方を知る（本時）	3時間	ものさしの使い方の指導に時間をかける。
三次	まとめ	2時間	不十分な部分の補充を行う。

担任一人で児童個々のつまずきの原因を瞬時に的確に把握し対応するのは困難なので，サポートする教師を配置する。

一次では教師の話を長く聞くことがむずかしいため，長さの比較に関心をもたせる時間を短くし，「cm」や簡易ものさしの学習に時間をかける。簡易ものさしで正確に測定ができないと，実際のものさしの活用は不可能に近いので，十分に練習時間を確保する。二次ではプリントを作成し，簡易ものさしでつまずいている児童や，一人で作業を進めることができない児童に教師が対応する。そのため測定の習熟を図る学習は三次で行う。二次で個人差に対応しても不十分なので，まとめの段階でもさらに差をうめる練習時間を確保する。

どの段階でもプリントによる個別作業を取り入れる。低学年は特に長い時間の個別作業はむずかしいので，細かく区切って進めるようにする。

2　1時間の授業をどう展開するか？

⑴意欲を引き出す工夫（マイナスの循環を止める）

構成スキル❸ 授業場面のデザイン

プリントを使用して授業を進めるので，児童がプリントのどこをやればいいかすぐにわかるように目印を付けるなどの工夫をする。プリントが2枚になると，机の上が乱雑になるので，1枚にして裏表を使用する。児童がつまずきそうなところを予想して，そこにはヒントになるような言葉を書いておく。ものさしの図は，目盛りを数えやすいように大きさに配慮する。

展開スキル－能動的❺ 活動の促進

児童が意欲を失うことのないよう，個々のつまずきに対応して声をかけていく。あらかじめ児童がつまずきそうなところを予想し，どういう対応をするか具体的に考えておき，それを表などに書いておくと活用しやすい。静かに挙手をしてSOSを出すことを約束しておく。

⑵学級状態への対応（ルールとリレーションの再形成）

担任と担任をサポートする教師との関係を良好にし，二人教師がいることのよさを最大限に生かしていかなければならない。打ち合わせは不可欠だが，特にサポートする教師が担任の特性を把握し，それに合わせた対応ができることが望ましい。

展開スキル－能動的❸ 説明

計器の使い方について説明をしてから，「ものさし」を児童に配布する。説明は端的でないと児童は聞いてくれない。また，危険な行動には強く注意をすることもあらかじめ児童に伝えておく。

展開スキル－対応❹ 集団の雰囲気づくり

授業の中で，毅然とした態度をとるところ，ほめるところ，ゲーム等で楽しむところなどを明確にする。メリハリのある授業はいい緊張感を与える。低学年の児童には教師の表情や動作で伝えることが効果的である。サポートの教師と交代で指示を出したり声の大きさを変えたりする工夫なども取り入れ，児童が教師に注目することが多くなるようにする。

一斉説明型の授業

3 授業案……………… ルールとリレーションの低い学級
概念の理解　　算数「長さをはかろう」２年

1 導入　（学習活動と教師の働きかけ）

動機づけ

１．前時の体験を想起し，簡易ものさしではがきの縦と横を測定し，結果を発表する。

「昨日は工作用紙のものさしでいろいろなものを測ってみました。例えば，折り紙のここは～cmで……（省略）。今日ははがきの縦と横の長さを測ってみます。はがきと工作用紙のものさしを出してください。測るものの端とものさしの端をそろえてから測るのでしたね。何か質問はありませんか。やっているときに助けてほしいことがあったら静かに手をあげてください。先生と○○先生が助けに行きます」

・はがきの縦と横の長さを測定する。（個別作業）

・縦は14個より15個に近いから14cmとちょっとかなあ。15cmには足りないし……。

課題設定

２．本時の課題を確認する。

「はがきの縦は工作用紙のものさしでは正しく測ることができません。不便ですね。どういうものさしならいいか考えていきましょう」

（活用するスキルの解説）

指示　話に集中させるために机の上には何も置かない。

指示　前時に簡易ものさしで測った物の長さの例を模造紙に整理して黒板に貼る。使用済みはがきを各自に用意させる。

授業場面のデザイン　授業中に騒然となるのを予防するためにも，はがきやものさしの忘れ物を事前に確認し教師が用意した物を配布しておく。実態によっては毎回回収して授業時に係に配布させる。

指示　拡大した簡易ものさしやはがきの模型にマグネットを付け，黒板に貼って確認する。

活動の促進　サポート教師と分担して机間指導し，個別支援や作業状況の把握をする。援助がほしい子は静かに挙手をする約束をしておく。

説明　実際のものさしを使えばいいと発言する児童も出てくると予想される。その意見を認めたうえで，ものさしの仕組みを理解することの大切さを端的に語りかける。

2 展開　（学習活動と教師の働きかけ）

課題解決

３．課題について考える。

「どういうものさしなら，いいと思いますか」

・1cmより小さい目盛りをつければいい。

「では，1cmをいくつに分けて小さい目盛りをつけたら便利でしょうか」

４．1cmはいくつに分けられているか調べる。

「プリントに本物のものさしの絵を印刷しておきました。1cmはいくつに分けられていますか」

・配布されたプリントのものさしを見て，目盛りの数を数える。（個別作業）

・同じ長さに10に分けられている

「先生と一緒に数えてみましょう」

５．1mmについて知る。

「1cmは，同じ長さに10に分けられていましたね。

（活用するスキルの解説）

発言の取り上げ　「本物のものさしならいい」という発言が出ることが予想される。その場合は，本物のものさしにはどんな目盛りがついているか尋ね，1cmより小さい目盛りの必要性に結びつける。

提示　児童から意見が出されない場合は，実際のものさしを提示して，そこから1cmより小さい目盛りの必要性を知らせる。

授業場面のデザイン　実際のものさしを配布すると落ち着かなくなるので，プリントを使用する。鉛筆と消しゴムもここで用意させる。

提示　プリントには本物のものさしと工作用紙のものさしを並べた図を用意し，どこを数えるか明記する。説明用に拡大版もつくっておく。

授業場面のデザイン　黒板に大きく「1mm」と

その一つ分の長さを『1ミリメートル』といい，『1mm』と書きます」
「1mm は同じ m という字が 2 つ並んでいるけど読み方が違うから気をつけてね。書くときの注意は同じ大きさの山が 2 つだよ。フタコブラクダが 2 頭いるみたいだね。コブが 3 つにならないように気をつけてね。では全員一緒に人さし指で空気に書いてみるよ。いち，にい，さん」
「では，プリントに練習してみよう。レベル 1 はお手本をなぞりましょう。レベル 2 は自分で形に気をつけてていねいに書いてみよう」
「1cm は何 mm でしたか。そうです。10mm です。全員で言ってみましょう」
「では，プリントに書き込みましょう」
・「1 cm＝10mm」(個別作業)
6．ものさしに触れ，測定してみる。
「これからいよいよ本物のものさしを配ります。これは，長さを測る道具だから，危ないことをしたら先生がものさしを預かりますからね」
「○時○分まで，自分の物の長さを測ってもいいです」(個別作業)
「はがきの縦の長さを，ものさしで測ってみましょう。何 cm 何 mm ですか」(個別作業)
・はがきの縦の長さを確認し，プリントに書く。

書き，児童の興味を引きつける。正しく書くポイントを短い言葉で伝えたり，間違った書き方を紹介したりして，新しい単位を印象づける。また，全員で黒板の見本を見ながら空に書く。

提示　教師が拡大したプリントで手本を示した後，練習をさせる。

活動の促進　声に出すことで，新しい単位に慣れさせるとともに，学習内容を定着させる。

説明　危険な使い方をしないように，注意を喚起してから配布する。

賞賛 **注意**　しばらくの間はざわつくことが予想されるが，危険な使い方をしないかぎりは見守る。ルール違反は見逃さずに×印を出して知らせたり，そばに行って声をかけたりする。

賞賛　すぐには正確に測定できないので，多少の誤差は間違いにはならないことを話し，意欲を失うことのないよう励ます。

3　まとめ　（学習活動と教師の働きかけ）　　（活用するスキルの解説）

学習事項のまとめ
7．学習したことを振り返る。
「今日は，新しいことを覚えましたね。プリントのまとめに書き込んでみましょう」
「今日は，みんなが決まりを守って安全に楽しく勉強していました。先生も○○先生もとてもうれしかったです。プリントに感想を書いてください」
9．次時の学習内容を知らせる。
「次の時間はものさしを使っていろいろな物の長さを測ります。楽しみにしていてください」

・まとめ「1 cm より短い長さは mm をつかう」を板書しプリントの（　）に書き込ませる。
賞賛 学習の様子を肯定的にフィードバックする。できたらサポート教師にもひとこと言ってもらう。また，プリントに授業について自己評価させ必ずひとことコメントを書いて返す。

・係にものさしとプリントを集めさせる。

！140ページにプリントがあります。

ルールとリレーションの低い学級

2. 意見の交流

相互作用活用型の授業

授業場面例 国語：読み取りの交流　学級活動：話合い

こんなとき，どうする!?

問いを投げかけてもほとんど反応がないため，意見交流ができない。たとえ発表しても学習の流れから逸脱していたり，ふざけた内容だったりする。個別学習を中心に進めても学習が深まらず，子どもたち個々に力はついていかない。それればかりか，次第に教室が騒々しくなり授業の進行にも支障をきたす。

授業スキル活用の公式

ワークシートやヒントカードを工夫。意欲的な取組みをおおいにほめる。

授業の工夫の実際は130ページへ

事例 意見の交流　国語「一つの花」４年

❶ 標準的な単元配当（12時間）

一次	学習の構えをつくろう	２時間
二次	場面ごとに読みを深めよう（本時）	５時間
三次	学習のまとめをしよう	５時間

この単元は，叙述をもとに時代の状況，登場人物の心情やおかれた立場を読み取ることがねらいの中心である。個の読みは話合いという過程を経て拡大，修正，相乗，複合されて豊かな集団の読みになっていく。つまり，ねらいの達成には意見交流が欠かせない。いかに自分の意見をもたせ交流させるかがカギとなる。

❷ 標準的な指導案

本　時　一つの花（３時間目／二次）

ねらい　一つの花を見つめながら行ってしまったお父さんの気持ちを読み取る。

	学習活動と主な発問	留意点
導入	１．前時の学習を想起し，本時の課題を確認する。 「一つの花を見つめながら行ってしまったお父さんの気持ちを考えよう」 ２．学習場面を音読する。 ・１回目は各自，２回目は代表が読む。	・各コースのワークシートを発表する。（お父さん・お母さん・時代） ・代表者には読み方についての賞賛やアドバイスを与える。
展開	３．選択したコース別に本時の課題について考え，ワークシートに書き込む。 ４．課題について読み取ったことをコース別にグループで話し合う。 ５．コース別に読み取ったことを発表する。	・コースごとのワークシートを配布する。ヒントカードや机間指導で個別支援をする。 ・意見は整理して板書する
まとめ	６．学習の感想をノートに書き，発表し合う。 ７．次時の学習について知る。	・代表者を指名して感想を発表してもらう。

ルールとリレーションの低い学級の場合

授業はこんな状態

じっくりと文章に向かうことができないので，物語文の読み取りをしようという意欲に欠ける。教科書に答えが明確に書いてあるわけではないため，せっかく学習に取りかかっても途中で投げ出してしまう子どもも多い。自分の意見を発表しようと意欲をもっていた子どもも，冷やかされたり聞いてもらえなかったりして，次第に発表しようとしなくなる。せっかく課題を解決しても意見の発表や交流ができないため，達成感を得ることができない。

1　単元計画をどう変えるか？

①視点を一つに絞り，教師主導で読み取りの手順を教える。

②場面を細かく区切って，学習や意見の交流を行う。

変更した単元の指導計画

一次	学習の構えをつくろう	2時間	課題を設定することがむずかしいため，教師主導で単元の見通しをもたせる。
二次	場面ごとに読み深めよう（本時）	7時間	読み取りの手順を教える。意見の交流は教師主導で行う。
三次	学習のまとめをしよう	3時間	戦争関連の調査を省き，読み取った本文から気づいたことなどを感想にまとめる。

さまざまな視点から読み取るコース別学習はむずかしいので，視点を一つに絞り，読み取りの手順を教えていく。読み取る場面の文章が長いと子どもが耐えられないので，場面を細かく区切って学習を進める。意見の交流を行う際にも，限定されていたほうが考えやすい。そのために二次の時間を多く設定した。

学習のまとめ（三次）で，戦争関連の資料を調べたり地域の人の話を聞いたりする時間は削除した。児童にはこの物語をじっくりと味わってもらうことのほうが必要と考えたからだ。

2　１時間の授業をどう展開するか？

⑴意欲を引き出す工夫（マイナスの循環を止める）

ワークシートでの個別作業に時間の多くを使う。ワークシートは子どもの実態に合わせ，だれにでも取り組めるような内容や量にする。紙の大きさや文字の大きさにも配慮する。

展開スキル－能動的❺　活動の促進

子どもがどこでつまずいているかを即座に判断できるようなワークシートの構成にしておくと，すぐにそれに合わせてヒントカードを渡したりアドバイスをしたりすることができる。つまずきが多種にわたりそうな場合は，あらかじめワークシートにヒントを書いておいてもよい。ヒントをわざとワークシートの裏に書いておくなどすると，クイズ感覚で楽しめる。

⑵学級状態への対応（ルールとリレーションの再形成）

教師の感想や思いを卒直に自己開示することで，リレーション形成のきっかけとしたい。

構成スキル❷　学習評価の目安

どういう内容を書けば読み取りが深まったことになるのか，子どもにわかるように具体的に示す。授業の始まりで集中がむずかしい場合は，紙に色分けをして書いて提示するなどの工夫をする。さらに，学習してきたことを教室に掲示していつでも子どもの目に触れることができるようにする。

展開スキル－対応❺　自己開示

学習評価の目安ともかかわるが，読み取りの見本となるようなものを教師の感想と言って紹介する。教師がこの物語から感じたことを素直に語っていく。数人の子どもしか聞いていなくても，そこから物語文の読み取りの面白さを感じとる子どもや教師の思いを感じとる子どもがいれば，それだけで十分である。

展開スキル－対応❷　賞賛

読み取りには意見の交流が必要であることを機会をとらえて語り，そのために協力してくれた子どもを大いにほめる。ただし，あまりしつこくなると効果がなくなるので，短い言葉でほめたり笑顔を見せるだけにしたりと変化をつける。

相互作用活用型の授業

3 授業案……………ルールとリレーションの低い学級
意見の交流　　　国語「一つの花」4年

1 導入　（学習活動と教師の働きかけ）　（活用するスキルの解説）

学習課題を広げる　課題設定

1．前時の学習を想起する。

「第四場面では，戦争に行くお父さんが乗る汽車が入ってくる直前になってゆみ子が泣き出してしまいました。みなさんのワークシートのまとめを読ませてもらいましたが，そのときのお母さんやお父さんの気持ちがとてもよく書けていました。とてもうれしかったです。今日はその中から何人かの文を紹介します」

「AさんはBさんやCさんの意見を聞いて考えたことも付けたしてありました。話合いで，友達の意見を参考にして考えを深めたところがすごいと思います」

賞賛　自己開示　最初に前時の学習の様子をほめ，学級の雰囲気を盛り上げる。

活動の促進　発表した友達の意見を取り入れて書いてあるまとめを匿名で紹介する。ここまでの6時間の学習で教師と子ども，子ども同士の関係に改善がみられる場合は，挙手や指名による発表に移行する。なお，適当なものがない場合は教師が全体を総括して肯定的に伝える。

賞賛　学習評価の目安　友達の意見を参考に書いてある点を評価し，書き方のモデルにさせる。

学習課題を確認する

2．本時の課題を確認する。

「今日の読みのめあては『一つの花を見つめながら行ってしまったお父さんの気持ちを考えよう』です」

3．学習場面を音読する。

「第五場面を音読します。お父さんの気持ちがわかるところに気をつけながら音読しましょう」

授業場面のデザイン　いっせいに音読するのが無理な場合は一人一人が小さな声で読む微音読にする。

2 展開　（学習活動と教師の働きかけ）　（活用するスキルの解説）

課題を各自で解決する

4．ワークシートの問いに従って書き込みをする。

「今日の読みのめあてに従って，教科書を読みながらお父さんの行動や気持ちについて考え，ワークシートに書き込みましょう。いつもどおりヒントはワークシートの裏にあります。自分の力を試したい人はヒントに頼らずに自分で考えましょう。どうしてもわからず困ったときにはヘルプカードをあげてください」

提示　裏にヒントを印刷したワークシートを配布し，教科書を読みながら書き込ませることで，個々の能力に応じるとともに最低限の学習内容を保障する。また，ヘルプカードを配布しておき，それをあげることでSOSの意思表示をさせ，個別援助をする。

5．ワークシートに書いたことを短冊に写し提出する。

「ステージ1は1番さん，ステージ3は2番さん，ステージ4は3番さん，ステージ5は4番さんが短冊に書いてください。ステージ2は後で全員で

授業場面のデザイン　短冊の表に文章，裏に名前を書かせ，学級の状態に応じて匿名で発表するか名前を公開するか選べるようにしておく。また，座席番号でどの課題を発表するか分担し，予告しておく。

やります。書き終わったら裏に名前を書いて持って来てください」

６．提出された意見を黒板に貼り，似ている意見をまとめる。

「では，みんなの意見を黒板に貼って見てみましょう」

「この意見とこの意見は似ていると思いますがどうですか」

・ステージ１～５まで順番にまとめていく。ステージ２だけは，指名か教師主導で答え合わせをする。

７．「今日のゴール」を一人一人が吹き出しに書く。

「では，今までの意見を参考にして『なにも言わずに行ってしまったお父さんの気持ち』を書きましょう。これが今日のゴールです。ゴールの当番は四場面だから４番ですね。４番さんは短冊に書いて持って来てください」

賞賛　文章に即して読み取っているものを，名前を出さずにほめる。読み取りが深いものはどこがいいか具体的にほめる。

提示　整理された意見が何種類になったかわかりやすいように板書する。

説明　児童の読み取りにたりない部分がある場合は教師が補足説明する。

３　まとめ　（学習活動と教師の働きかけ）

学習事項のまとめ

８．本時を振り返り，次時の学習を確認する。

「今日は，みんな短冊にたくさんの意見を書けました。似ている意見や１人でもなるほどと思う意見があって，この場面を詳しく読むことができました。感想と反省を書いて出してください」

「次の時間は，第五場面をやります」

（活用するスキルの解説）

活動の促進　他の人の意見も取り入れて感想を書く。

時間・インターバルの設定　全員が書き終わるまで時間の保障をする。

賞賛　活動の様子のよかったところをさがしてほめる。

！141ページにプリントがあります。

ルールとリレーションの低い学級

3. 実験

問題解決型の授業

授業場面例　理科：実験　社会：調べ学習
体育：グループごとのゲーム練習

こんなとき，どうする!?

楽しいはずの実験なのに，実験器具を散らかしたり壊したりする子と，授業に参加せず，無気力のまま何もしない子がいて，実験の意味がまるでわかっていない。片づけもされず，子どもたちが去ったあとには散乱した実験器具と空しさだけが残る。

授業スキル活用の公式

学習権を保障するワークシート。安全の保障と効率よい実験のために場の設定を工夫。

授業の工夫の実際は136ページへ

事例　実験　理科「もののとけ方」５年

❶ 標準的な単元配当（９時間）

導入	いろいろなものが水にとけるときの様子を調べよう（本時）	２時間
一次	水にとけたものの重さはどうなるか調べよう	２時間
二次	ものが水にとけるときにはきまりがあるか調べよう	２時間
三次	とけて見えなくなったものがどうなるか調べよう	２時間
四次	もののとけ方についてまとめよう	１時間

人間関係の影響が出るのでグループ編成の仕方は大切。話合い活動が活発になるよう，コミュニケーション能力の個人差を考慮して，話し方や司会の仕方を指示するなどの手を打つ必要がある。

❷ 標準的な指導案

本　時　ものが水にとけるときの様子を調べよう（１・２時間目／導入）

ねらい　身近なものを溶かしてみる体験を通して「溶ける」の条件に気づき，ものの溶け方に興味関心をもつとともに，単元の課題をつかむ。

	学習活動と主な発問	留意点
導入	１．コーヒーシュガーを一粒ずつ口に入れる。 ２．変化を発表し，本時の課題を設定する。 「水に溶かしてその様子を観察してみよう」	・子どもの理解の実態をつかんでおく。 ・実験の導入を，食べることから始め，次の活動への意欲づけをする。
展開	３．実験のセットを配布し手順を説明する。 「お茶のパックにコーヒーシュガーを入れ，割りばしに巻きホチキスでとめます。これをビーカーに入れた水につけます」 ・溶ける様子を観察，記録する。 ・グループの結果を全体に発表する。 ・身近なものを水に溶かし観察する。 「食塩，ミョウバン，片栗粉を水に溶かし，その様子をワークシートに書き入れよう」	・使うものをバットに入れ，配布する。 ・教師が実際にやりながら説明する。コーヒーシュガーを水につけた瞬間に隠し，実験への関心を刺激する。 ・グループを回りながらシュリーレン現象（もやもやしたもの）に気づかせる。 ・「水に溶ける」とは，つぶが見えない，すき通っている，溶けたものが水全体に広がっているの３条件を満たす状態であることに気づかせる。
まとめ	４．実験の結果をまとめ，発表する。 ５．課題を整理し，次時の学習計画を立てる。 ６．次時の課題と活動を確認する。 ７．グループで協力して後片づけをする。	・板書とワークシートを工夫する。 ・溶けることと重さの関係に気づかせ，実験方法を考えさせる。 ・片づけを終了したら報告させる。

ルールとリレーションの低い学級の場合

授業はこんな状態

実験に興味はあるものの仲間の手前それを素直に表せない。いったん自分の座席に着席しても周囲のちょっとした刺激に反応してふざけや立ち歩きが始まり，やがてそれが周囲に伝染して学級全体が騒然となってしまう。教師の指示は従う以前に聞いていない。注意すると「うるせえ」などと教師に向かって怒号やヤジが飛ぶ。ときには板書するため背中を向けた教師に対して紙飛行機が飛ばされたり，教室を出て行ったりする。机上に用意した実験器具を勝手にいたずらしたり，友達に向かって投げたりするので危険である。

1　単元計画をどう変えるか？

①担任一人で指導するのではなく，ティームティーチング方式の授業を提案する。

②子どもたちを教師の目の届く場所に移動させ，交代で実験したり，まとめたりする展開にする。

③文章完成式やクイズ形式のワークシートに，結果やまとめを記入できるよう工夫する。

変更した単元の指導計画

導入	いろいろなものが水に溶けるときの様子を調べよう（本時）	2時間	教室でものの溶け方のクイズやアンケートに答える。それを整理してプリントにまとめ配布，グループごとにローテーションで導入の実験をする。
一次	水に溶けたものの重さはどうなるか調べよう	2時間	ティームティーチング方式で授業を行う。安全権と学習権を保障するために，グループに分かれていっせいに実験する方法はとらない。グループが交代で教師の前で実験をする。結果やわかったことはワークシートに記入する。待っているグループはＴ2の教師の監督のもと，算数などの練習問題をやる。専科の学習と連携できればベスト。
二次	ものが水に溶けるときにはきまりがあるか調べよう	2時間	
三次	溶けて見えなくなったものがどうなるか調べてみよう	2時間	
四次	ものの溶け方についてまとめよう	1時間	文章完成式の部分と自由記述の部分で構成されたワークシートにまとめる。

指示が通りにくく，興奮状態にあり落ち着きがないため，目を離すと危険な行為が始まる。また話し合ってまとめるのはむずかしいので，書かせる作業で学習内容の定着を図る。

2 1時間の授業をどう展開するか？

⑴意欲を引き出す工夫（マイナスの循環を止める）

学級のルールとリレーションが崩れ，教師も信頼できない状況では子どもたちにいいしれぬ不安が生じる。そのため小グループをつくり不安を解消しようとするが，信頼でまとまっているわけではなく，常に敵や秘密を必要とするため，荒れに拍車をかける。疑心暗鬼で不安な状態は同調性を高め，本音は覆い隠され，善悪の判断や弱者への思いやりもマヒしてしまう。この状態から学級を再生していくためには，ティームティーチング体制や教科担任制などの組織的対応と個を集団の圧力から解放する具体的な対応が必要である。なお，授業以前に，再契約法などで子どもたちに態度を切りかえるきっかけをつくることが前提である。

構成スキル❹／授業進行のデザイン

教師の目の届くところに１グループが集まり，具体的な指示のもとに実験を行い，ワークシートに結果を書き込む。そして次のグループと交代する。待っている間はＴ２の監督のもと，算数の練習問題など作業的学習をする。場合によっては別室で行う。

構成スキル❷／学習評価の目安

学習内容の定着のため，選択式・文章完成式・自由記述式などを織りまぜた基本ワークシートを工夫する。また，ワークシート完成を最低の学習目標として設定する。

⑵学級状態への対応（ルールとリレーションの再形成）

ワークシートへのコメント，実験でのグループとのかかわりを活用して，教師と子どもとの１対１の関係からリレーションを回復する。

構成スキル❺／時間・インターバルの設定

実験は始めのあいさつから終わりのあいさつまでテンポよく展開し，それを繰り返し体験させることでルールを回復していく。

展開スキル―能動的❹／提示

ワークシートに書かれた結果や感想をプリントに整理して配布する。全体に紹介しながら，教師が統制できる枠内で子どもたちに交流をさせていく。

展開スキル―対応❷／賞賛

毎回ワークシートを回収し，実験のときの様子や内容について小さな成果でも認めてコメントする。また，それをファイルし成果を実感できるようにする。

問題解決型の授業

3 授業案……………ルールとリレーションの低い学級
実験　　理科「もののとけ方」5年

1 導入　（学習活動と教師の働きかけ）

授業に入る

1．アンケート結果を紹介する。

「前の時間のアンケートの結果です。…中略…いろいろなものを溶かしたことがあるんですね」

課題設定

2．学習カードを配布し，本時の課題や学習の流れを確認する。

「今日は，ものが水に溶けるときの様子を調べます。この前話したようにしばらく理科の実験はグループごとに交代でこの机に来てやります。みなさんは，呼ばれるまで自分の席で算数の練習問題をやっていてください。実験が終わったら席に戻ってワークシートの残りを書きましょう。終わったら算数の続きをしてください。…中略…他のグループが実験中なので話をせず静かに一人で書いてください。やりかたがわからないときは☆☆先生に聞いてください」

「では1班は，真ん中の机まで来てください」

（活用するスキルの解説）

授業場面のデザイン　T2の教師を紹介する。

賞賛　小さな成果でもコメントしておく

提示　前時にアンケートを実施，結果をまとめておき，ここで黒板に資料を貼って説明する。

学習評価の目安　142ページのようなB4判の学習カードを配布。拡大し掲示して書き方を説明する。左ページは実験のときに確認しながら記入させる。右ページは自分の席に戻ってから個人作業でも記入が可能な構成にしてある。左ページだけ書いてあれば最低の学習内容が押さえられる。

授業場面のデザイン　全員が理科室に移動，実験やカードへの記入以外は算数の練習問題の時間という構成にする。2時間枠の1時間分は理科，1時間分は算数という設定である。個人作業が可能な学習であれば漢字練習などでもよい。グループは，同じ班になりたい人を最低1人は一緒にするという条件で3～5人程度まで聞き，理科のグループ編成ができるとベスト。

2 展開　（学習活動と教師の働きかけ）

実験

3．コーヒーシュガーを水に溶かし，その様子を観察して学習カードに書く。

「お料理のときなどには塩や砂糖を水に溶かしますね。今日はまず，コーヒーシュガーが水に溶ける様子を詳しく調べてみましょう。このようにお茶のパックにコーヒーシュガーを入れ割りばしにホチキスでとめます。これをこれから○○さんにビーカーの水につけてもらいます。溶ける様子をビーカーの横からよーく見て，カードに描き入れましょう」

「コーヒーシュガーはどんなふうに溶けていますか？　そうです。パックの下のところからもやもやしたものが出て，下に流れていますね」

「（しばらく観察させた後）割りばしを上に上げて，かきまぜてください。（水の動きがとまってから）結果をカードに書きます。つぶは見えますか。見

（活用するスキルの解説）

授業場面のデザイン　理科室の座席を以下のように配置する。番号は座席番号である。教室の場合は，実験用の机が必要である。

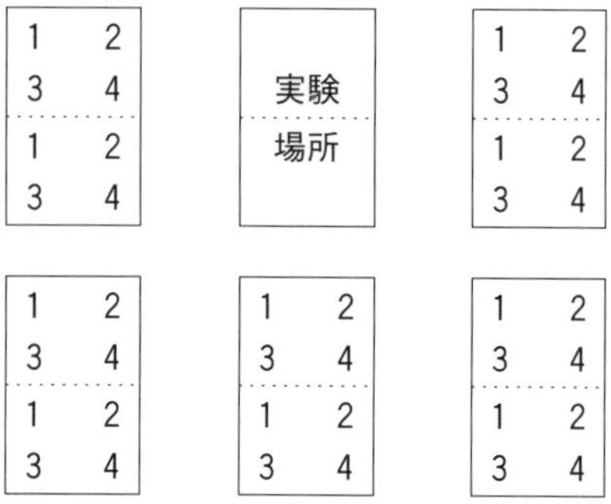

提示　ビーカーの横から光を当てシュリーレン現象を見やすくする。

時間・インターバルの設定　できるだけ一人一人が実験に参加できるように分担する。実験用具は

えませんね。色は何色ですか。そう，茶色ですね。横から見るとすき通っています。溶けたコーヒーシュガーはどうなったでしょう。下にたまらず水全体に広がっています」

4．食塩・ミョウバン・片栗粉を水に溶かし，その様子を観察してカードに書く。

「今度は食塩とミョウバンと片栗粉を溶かしてみます。同時に入れてガラス棒でかきまぜます。溶けたらやめてください」

「つぶはありますか。色はどうですか。すき通っていますか。溶けたものはコーヒーシュガーのときのように水全体に広がりましたか。片栗粉だけは，ビーカーの底の方にたまっていますね」

学習事項のまとめ

5．ものが水に溶けたときの3条件をまとめる。

「片栗粉のようにかきまぜても時間がたつと下にたまるものは水に溶けたとは言いません。コーヒーシュガー・食塩・ミョウバンは水に溶けます。これらに共通していることがものが水に溶けたときの様子です。つまり，『つぶが見えなくなる』『色がすきとおっている』『溶けたものが水全体に広がっている』の3つです。みんなで実験を分担し集中して実験できましたね。ご苦労さまでした。席に戻って学習カードの残りを書きましょう」

6．次のグループと交代し，席に戻って学習カードの残りを書く。

事前に教師が用意しておくにしても実験に要する時間は1グループ当たり10分程度である。2時間枠でとっても6グループが限度である。

発問　応答がないときは，教師が様子を解説する。

提示　食塩とミョウバンは溶け残らないように量を調整しておく。

授業場面のデザイン　指示　事前に分担させ，同時に行う。

説明　ミョウバンや片栗粉は生活と結びつけて紹介する。

発問　水溶液の3条件について確認し，コーヒーシュガー・食塩・ミョウバンの3つと片栗粉との違いに気づかせる。応答がない場合は教師がまとめ，カードに書かせる。

説明　指示　水溶液の3条件について確認し，わかったことを記入させる。時間がないときには確認だけにし，書くのは席に戻ってからにする。

賞賛　実験中の様子をほめ，お互いにあいさつをする。学級の人数の関係で実験に参加した人としなかった人に分かれたときは，最後に実験をした人を全員立たせ拍手で労をねぎらい，子ども同士のリレーションの回復を図る。

3　まとめ　（学習活動と教師の働きかけ）　（活用するスキルの解説）

7．授業の振り返りと次時の予告をする。

「今日の理科の授業の学習態度はどうでしたか。ばっちりだった人は手をあげてください。まあまあだった人？　ごめんなさいだった人？」

「今日は一人一人が実験を分担をし，集中して学習できました。とてもうれしかったです」

「では，班の集め係さんはカードを集めて持って来てください。感想や予想をもとにして次の授業の内容を決めたいと思います」

発問　賞賛　「先生の予想よりちょっと少ないですね。もっとたくさんの人ががんばっていましたよ」などと実験中の様子を肯定的にフィードバックする。学級の状態によっては教師のフィードバックのみにする。

授業進行のデザイン　賞賛　カードへのコメントで一人一人と感情交流をし，リレーションを回復する。また，話合いではなくカードの感想や予想を受け次時を組み立てる。

！142ページにプリントがあります。

〈アレンジのポイント〉　マイナスになった教師と子どもの関係を回復するには，カードへのコメントなど全体を切り離した場で一人一人とつながるパイプが必要である。また，グループと教師で実験を行うという構成を繰り返し，ルールのある学習の体験を積み上げ，軌道修正を図る。

長さをはかろう（3）

2年　　組　名前（　　　　　　　　）

もんだい　**はがきのたての長さを正しくはかることができるものさしをかんがえよう**

1．1 cm はいくつにわけられていますか。かぞえてこたえをかきこもう。

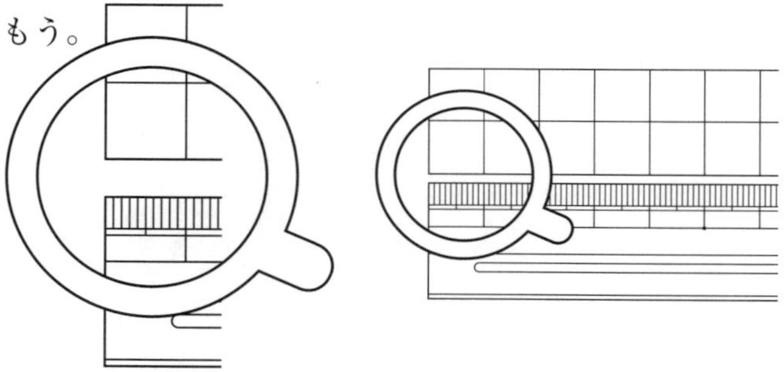

2．1 cm を____にわけた1つ分の長さは、____です。

☆れんしゅうコーナー

レベル1　なぞってみよう

1mm mm mm mm mm mm

レベル2　じぶんでかいてみよう

3．1 cm は、なん mm でしたか。

1 cm＝____mm

4．はがきのたての長さをものさしではかってみましょう。

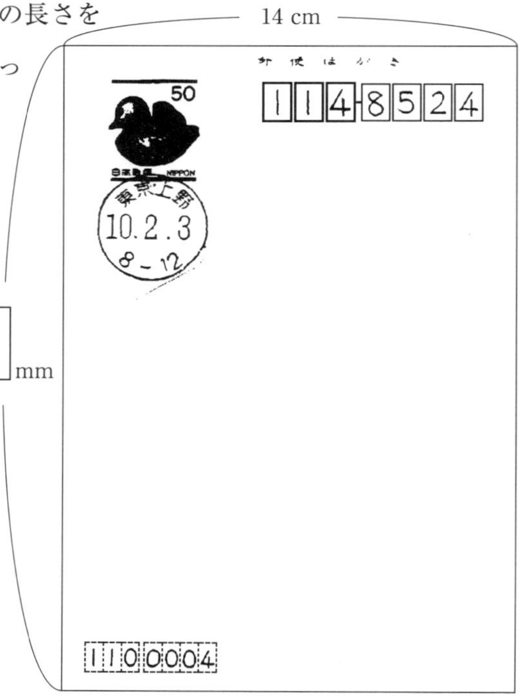

□cm □mm

まとめ　1 cm　より　　　長さは　　　をつかう

☆はんせいコーナー

①きょうのさんすうのべんきょうは	（　）とてもたのしかったよ （　）まあまあだったかな （　）ちょっとくるしかったかな
②きょうのさんすうのべんきょうは	（　）しんけんにやったよ （　）ちょっとふざけてごめんなさい

「一つの花」・第四場面　　四年（　）組（　　　　）

めあて　一つの花を見つめながら行ってしまったお父さんの気持ちを考えよう

【秘密指令】
ヒントがほしい人は
ウラを見よ！

ステージ1　お父さんは、なぜ、ゆみ子をあやしているお母さんにだまって「ぷい」といなくなったのだと思いますか。そのわけを書きましょう。

ステージ2　いなくなったお父さんはどこになにを見つけましたか。

プラットホームの（　　　　）の（　　　　）のような所に、
（　　　　）ようにさいていた（　　　　）の花を見つけた

ステージ3　お父さんはなぜあわてて帰ってきたのだと思いますか。

ステージ4　ゆみ子のお父さんはどんな気持ちで「ゆみ。さあ、ひとつだけあげよう。一つだけのお花、大事にするんだよう……。」と言ったのでしょうか。

ステージ5　お父さんがにっこりわらったのはなぜだと思いますか。

今日のゴール
ゆみ子のにぎっている一つの花を見つめながらなにも言わずに行ってしまったお父さんの気持ちを考えよう。

感想

☆今日の学習の反省は（ばっちり・まあまあかな・もうひといき）でした。

理科学習カード

もののとけかた　月　日　校時

組　名前（　　　　　　）

問題　ものが水にとけるときの様子をしらべよう

実験1　コーヒーシュガー

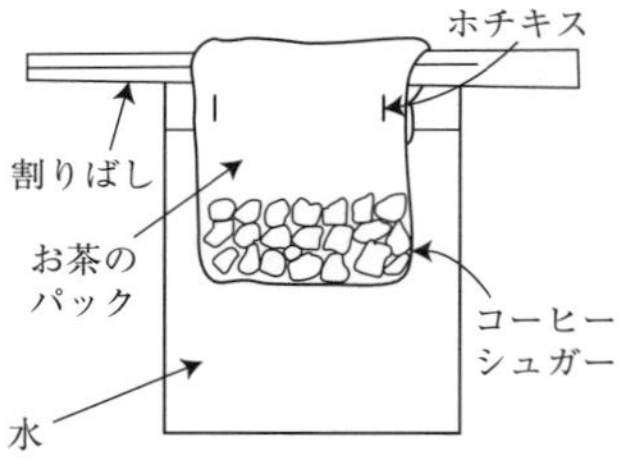

とけるときの様子をかき入れよう

結果・気づいたこと
①つぶは（見える・見えない） ②色は（　　）で すきとおって（いる・いない） ③とけたコーヒーシュガーは （下にたまった・水全体に広がった）
とけるときの様子を文章で書こう

実験2　食塩・ミョウバン・片栗粉《かたくりこ》

食塩　g	①つぶが（見える・見えない） ②色は（　　　） ③とけた食塩は（　　　）
ミョウバン　g	①つぶが ②色は ③
片栗粉《かたくりこ》　g	①つぶが ②色は ③

☆わかったこと

ものが水にとけると
つぶが
色が
とけたものが

☆感想コーナー（おどろいたこと・ふしぎなこと・疑問など何でも）

☆予想してみよう

◆とけたものの重さはどうなると思いますか。

こたえ		理由	

◆とかすものによって水にとける量はちがうと思いますか。

こたえ		理由	

☆考えてみよう：たくさんの量を水にとかす方法は？

☆授業をふり返ってみよう

①今日の理科の授業の学習態度《たいど》は（ばっちり・まあまあ・ごめんなさい）でした。

なぜならば、＿＿＿＿＿＿＿＿からです。

②次の理科の授業（は・も）、

＿＿＿＿＿＿＿＿したいとおもいます。

第6章

ひとめでわかる
学級状態別の全授業スキル

構成スキル一覧

スキル	ルールの確立が低い学級では（3章）
構成スキル❶ リーダーシップの発揮レベル 教師と子どもの関係性から，状況に応じてリーダーシップの取り方を変える。	・教師の指示に沿った行動形態を決め，同じ行動をさせる。（1・2節） ・望ましい行動とそうでない行動のモデルを明確に示す。（2節） ・活動内容を明確に指示・説明。（3節） ・ルールを守ることで成功体験を繰り返すことを体感させる。（3節） ・ていねいな言葉遣いで指示。（1節）
構成スキル❷ 学習評価の目安 何を，どの程度，どのように，学習できればよいか，学習と活動の目標を設定。	・児童が理解できる目標を提示する。（2節）
構成スキル❸ 授業場面のデザイン いっせいか，グループか，個別か。グループの人数や組合せはどうするか。おもに授業の形態や活動内容に関して設定する。	・一斉授業の中で，個別の発言を全員でまとめさせる。（1・2節） ・グループ活動は少人数で。（2節） ・グループ活動は，役割を明確にし，互いに助け合うようにする。（3節） ・グループ学習がむずかしい場合には，全員がやり遂げられるような個別のワークシートにする。（3節）
構成スキル❹ 授業進行のデザイン 授業の中で，教師が何をどこまで主導し，子どもが自由に考えたり活動したりする範囲をどこまでにするか，設定する。	・教師主導の比重を多くし，授業態度だけでなく学習内容の規則性を体感させる。（1・3節） ・教師主導を中心とし，同じ行動をとる訓練を行う。（1節） ・教師主導を中心とし，授業の前に学習上のルールを明確にする。（2節） ・教師主導の中で，授業中のルールを自分たちでも決めて守らせる。（3節）
構成スキル❺ 時間・インターバルの設定 興味の喚起に必要な時間，練習問題に取り組ませる時間，気分をほぐす時間などをどのようにとって配分するか，設定する。	・声をいっせいに出させる活動を取り入れ，リズミカルな展開をする。（1節） ・各活動を短時間にし，スモールステップで活動する。（2節） ・各活動の時間を管理する。（2節） ・見る，聞く，話す，行動するなど活動に変化をもたせ，飽きさせない。（3節） ・説明は極力短くする。（2・3節） ・興奮しているときは間をおく。（3節）

リレーションの確立が低い学級では（4章）	ルールとリレーションの低い学級では（5章）
・「～しなさい」ではなく，「～しましょう」という，参加を促す形のリーダーシップとする。（1節） ・教師の一方的な考えを押しつけない。（2節）	・ほかの教師の力を借りながらでも，最低限守らせるべきことや指導すべきことは徹底させる。
・作業的な活動をさせ，個々に達成感を味わわせる。（1・2節） ・児童が相互評価できる目安を明確にする。	・最低限既習させるべきことを明らかにし，プリント学習に反映させる。（3節）
・２～３人のグループで活動をさせ，互いの交流を意識した活動にする。（1節） ・全員に発表の体験をさせる。（1節） ・ゲーム的な活動を取り入れ，楽しい雰囲気の中で互いの交流を図る。（2節） ・物理的距離を縮める活動をする。（2節） ・小さなグループサイズから交流させ，徐々に大きくしていく。（3節） ・グループ活動させる際は，個々の役割を明確にする。（3節）	・プリントでの個別作業を基本に。（1節） ・活動に必要で，忘れるとできないような用具は，教師側でも用意しておく。（1節） ・いっせいによる音読がむずかしい場合には，個別に微音読をさせる。（2節） ・個別学習でも交流させたいときは，匿名性のある発表や作品紹介をする。（2節） ・グループで活動させる場合には，グルーピングは教師主導で行う。（3節）
・グループ活動をさせるが，個々の責任を平等に教師が割り振る。（2・3節）	・グループでの活動は，教師も参加して，1つのグループごとに順番に行う。その間，ほかの児童には，プリントによる個別作業を行わせる。（3節）
・単元の指導時間を1時間程度増やし，ゲーム的要素を取り入れた楽しみのある授業を組み込む。（2節） ・導入時に楽しさのある短時間の学習ゲームを組み込む。（2節） ・注意的なことは，長く説明せず紙板書などですませる。（3節） ・指示なしで作業できるワークシートを用意し，個別指導の時間を確保する。（1節）	・全員が作業を完了できるだけの時間を確保する。（2節） ・ルーチンワーク的な作業をテンポよく繰り返し，ルールに従って作業・学習する習慣を身につけさせる。（3節） ・一人一人の活動時間を確保する。（3節）

個々の授業スキルについては，これまで教師の間でよく使われ定着してきたものや，蓄積されてきた知見がベースになっている。それをカウンセリング心理学の視点で，スキルとしてとらえ直したものである。

展開スキル① 教師の能動的スキル一覧

スキル	ルールの確立が低い学級では（3章）
展開スキル－能動的❶ 発問 子どもが学習に向き合うきっかけをつくるための問いかけをする。	・短く一度でわかる発問をする。（1節） ・練られた発問を紙板書で行う。（2節） ・具体物などを用いて，児童の興味を喚起する発問をする。（2・3節）
展開スキル－能動的❷ 指示 授業展開に必要な活動の内容，活動の仕方などを示し行動を促す。	・低学年は絵で示すなど，だれもがわかる指示をする。（1節） ・ゲーム的な合図による指示。（2節） ・モデルを示す。（2節） ・簡潔で行動すべきことが明確な指示をする。（3節） ・危険が予想される場合には，禁止事項を明確にする。（3節）
展開スキル－能動的❸ 説明 学習そのものに関する内容，意義，方法などを子どもたちが理解できるように解説する。	・教師がモデルを示して説明する。（2・3節） ・行動すべきこと，してはいけないことを理由をつけて説明する。（3節）
展開スキル－能動的❹ 提示 思考を整理したり，意欲を喚起したり，活動の見通しをもたせたりするために，具体的な教具・教材を見せる。	・教師がモデルとなる範読を行う。（1節） ・具体物を目で見てわかるように示す。（1・2・3節） ・児童のノート，ワークシートと同じように板書し，ノートの書き方を教える。（1・3節） ・児童が興味を示すようなダイナミックな演示実験をする。（3節）
展開スキル－能動的❺ 活動の促進 学習への意欲や，現在取り組んでいる活動を維持・向上させるために，子どもにはたらきかける。	・具体的な行動をほめる。（1節） ・挙手の仕方のモデルを示す。（1節） ・ルールを守っている児童を中心に活動，規範意識を全員にもたせる。（1節） ・課題を次時に残し，活動意欲を継続させる。（3節） ・ほめる，モデルを見せる，時間を区切るなどテンポのよい展開をし，活動意欲を維持する。（1・3節）

リレーションの確立が低い学級では（4章）	ルールとリレーションの低い学級では（5章）
・前時の振り返りは，子どもの声を拾って整理する。（1節） ・前時のワークシートなどを用いて，児童の感想を紹介し，学習内容を振り返る。（3節）	・応答がない場合には，教師が解説をすぐに行い，引きずらない。（3節）
・やわらかな頼み方をする。また，目を見て感謝の意を伝える。（3節）	・話を聞かせる場合には極力，机上に何も置かない状況で行う。（1節） ・すべきことが明確になるような指示をする。また，それを書いて明示する。
・個別作業で個人差が出そうな場合には，ポイントを板書し，いつでも説明に戻ることができるようにしておく。（3節）	・物を配布する場合には，事前に使い方などを説明した後に行う。（1節） ・危険が伴う物を使う場合，危険性を具体的に説明する。（1節） ・児童の理解がたりない場合には，教師が補足説明する。（2節） ・生活と関連させた身近な説明を心がける。（3節）
・友達のよい面や教師のコメントを書けるようなワークシートとする。（1・3節） ・ペープサートのような親しみのある教材を用いる。（1節） ・グループ活動の際，司会の進め方マニュアルを掲示しておく。（2節） ・子どもたちが楽しみながら驚くような教材の提示をする。（3節） ・色や絵などを用いて，間違いにくい配布教材を用意する。（3節）	・具体物のある導入を行う。（1・3節） ・視覚でわかる板書を行う。（1・2節） ・拡大した物などを用い，すべきことのモデルを視覚的に提示する。（1節） ・ワークシートの裏にヒントをプリントするなどし，個別の能力の違いに配慮する。（2節） ・ワークシートの感想などは，交流させられる範囲で教師が全体のものとする。（3節）
・ワークシートの記入前に，何人かに発表させ，記入すべきことをイメージ化させる。（1節） ・机間指導をし，ノートなどの記入の仕方を個別にアドバイスする。（1節）	・つまずきそうなところを事前に予想し，ヘルプカードやまとめの表などを用意しておく。（1・2節） ・サポートの教師がいる場合には，つまずきやすい児童を中心に個別指導してもらう。（1節）

個々の授業スキルについては，これまで教師の間でよく使われ定着してきたものや，蓄積されてきた知見がベースになっている。それをカウンセリング心理学の視点で，スキルとしてとらえ直したものである。

展開スキル② 子どもへの対応スキル一覧

スキル	ルールの確立が低い学級では（3章）
展開スキル－対応❶／発言の取り上げ 一人の意見や考えを，全員の学習意欲喚起や深まりにつなげるよう取り上げる。	・発言した児童がうまく答えられない場合には，教師が整理する。（2節） ・発言する内容を限定し，思考をぶれさせない。（3節） ・否定的な反応は受け流す。（3節） ・奇異な発言でも意味があるときは言いかえて取り上げ，脱線を防ぐ。（3節）
展開スキル－対応❷／賞賛 子どもの意欲や活動を維持するように，もしくは促進するように，ほめたり励ましたりする。	・ルールが守られている場合は，具体的な行動を取り上げほめる。特に低学年は，挙手や発表の仕方など，定着させたい学習態度を守れている児童をほめ，モデルを示す。（1・2・3節） ・授業の最初に約束したことが守れたときは，どんなときかを具体的に示し，全員で声を出して，めあてが守れたことを確認しあう。（1・2節） ・ふざけている児童でも，発想や技能など，具体的なよい点をほめる。（2節）
展開スキル－対応❸／注意 望ましくない行動や態度を消去し，学習へ向かわせるためにはたらきかける。	・短く注意する。だめなことはだめと，わからせる。（1節） ・首を振るなどのノンバーバルな行動で，勝手な行動を端的に注意する。（1節） ・ルール違反は注意し，行動変容があったときは，すぐに認めてあげる。（2節） ・児童のことを心配している姿勢で注意をする。（3節）
展開スキル－対応❹／集団の雰囲気づくり 緊張を緩和したり，意欲を維持・喚起する雰囲気になるように集団へはたらきかける。	・教師が授業を楽しむ姿勢をもち，引っ込み思案な児童に安心感をもたせる。（2節） ・児童の落ち着き加減などに応じて提示する素材やほめ方を変える。（2節） ・個別，グループ活動は机間指導してルールなどが守られているか確認し，ほめたり援助したりする。（2・3節）
展開スキル－対応❺／自己開示 子どもとの人間関係を深めたり，行動や考え方のモデルとなったりするように，教師が自分について語る。	・授業中のルールの遵守状態に関する教師の感想を最後に話す。（2節）

リレーションの確立が低い学級では（４章）	ルールとリレーションの低い学級では（５章）
・発表内容をわかりやすく解説，補足，明確化し，全体のものとする。（１節） ・机間指導で個々の考えを把握し，似たような意見をもっている児童に指名し発言をふくらませる。（１節）	・出された発言は，内容にたりない面があっても大いにほめ，たりない部分は教師が補足する。（１節） ・ふざけた発言や，否定的な反応には取り合わず，事務的に「授業中です」といった反応とする。
・小さな変化を見逃さずほめる。（１節） ・友達のよさを見つけられた児童をほめる。（１節） ・取組みの過程をほめる。（１節） ・机間指導で個別にさりげなくほめる。（１節） ・一人一人が認められる場をつくる。（１節） ・目に見える形でほめる。（２節） ・グループ学習ではチームワークのよさをほめる。（２・３節）	・多少の間違いや意欲的な活動は見守る姿勢をとる。（１節） ・サポート教師がいるときは，授業の最後にほめてもらう時間をとる。（１節） ・学級内がぎすぎすした状態の場合には，匿名性をもってほめる。（２節） ・小さな成果でもほめる。（３節） ・ワークシートには個別にコメントを入れ，ほめる。（３節） ・グループ活動のときは，最後に互いにお礼のあいさつを入れる。（３節）
・威圧的な注意は避ける。 ・全体の場で，恥をさらすような注意の仕方はしない。	・危険な場合には，注意することを，事前に話しておく。（１節） ・ノンバーバルの注意の仕方もしてみる。（１節） ・具体的な行動に対して注意する。
・教師が児童を励ます雰囲気をつくる。（１節） ・導入時にゲーム的学習を入れ，緊張を緩和する。（２節） ・全員で拍手をする場面をつくる。（３節） ・発表や司会の仕方等を明らかにし，だれでもできる雰囲気をつくっておく。（３節） ・当番活動に対して感謝を行動で表し，互いを認め合う雰囲気をつくる。（３節）	・毅然とすべきところ，楽しむところ，ほめるところなど，メリハリのある授業を心がける。（１・２節） ・低学年の児童には，教師の表情や動作でメッセージを伝える。（１・２節） ・サポートの教師がいる場合には交代で説明するなどの変化をもたせる。（１・２節）
・役割をはずした親しみやすい口調の会話を入れる場面をつくる。（２節） ・教師の失敗談などを通し，失敗することへの抵抗感を減らす。 ・ゲーム的活動は教師も参加し，楽しむ。	・ほめる場合には，自分がうれしかったことを具体的な例をあげて，心からほめる。

個々の授業スキルについては，これまで教師の間でよく使われ定着してきたものや，蓄積されてきた知見がベースになっている。それをカウンセリング心理学の視点で，スキルとしてとらえ直したものである。

学級状態の一覧

ルールが…	やや低い学級	かなり低い学級
話を聞かない子は？	全体の3分の1程度	全体の半分程度
教師の指示で動かない子は？	全体の1割程度	全体の4分の1程度
発表ができるか・聞けるか？	特定の子がいつも冷やかされる	ふざけた発言が多くなる。冷やかす子どもも複数いる
グループ活動ができるか？	リーダー不在で活動が進まない	勝手な活動をしてまとまらない
Q－Uの結果は？	学級生活満足群と侵害行為認知群に多く分布	学級生活不満足群が増えてくる

リレーションが…	やや低い学級	かなり低い学級
話を聞かない子は？	あからさまではないが1～2名程度	4分の1程度
授業中に発言する子は？	3分の1程度に固定	1～2割程度に固定
注意される子がいつも同じか？	数人の子がよく注意されるが，すぐに態度をあらためる	ほとんど同じ子どもが教師や友達に強く注意される
グループ活動ができるか？	一部の子が活動を進めようとするが，ほかの子の役割がはっきりしない	グループのリーダーに反抗する子どもがいて，活動が停滞している
Q－Uの結果は？	［学級生活満足群］と［非承認群］に多くの子どもが分布している	［学級生活満足群］と［非承認群］が多く，さらに［学級生活不満足群］が増えてくる

ルールとリレーションが低い学級
教師を無視し，勝手な行動をとる子どもがいる
教師に反抗するときにだけ団結する
まじめな子がいじめられる
教室にゴミが散乱している
授業中にトランプや漫画本に興じている
係活動は停止している
給食は力の強い順に勝手にとる
「○○死ね」などと落書きがある
学級の外でも同じ態度で，他の先生にも反抗する
Q－Uの結果が次のような分布である ［学級生活不満足群］に多くの子どもが分布している。承認得点が低く，被侵害得点が高い。要支援群にも数人いて，このままの状態では不登校も現れてくる可能性がある

Column

ADHD, LDの子を抱える学級でいかにリレーションとルールをつくるか

朝日　滋也

ADHDの多動性，衝動性は，自分の意思とは別で，気がついたときには「すでにスイッチが入っている」。LDの子は，特定の能力（話す，書く，計算するなど）が困難であり，本人の苦労が周りには見えにくく，過度の要求には応じきれない。彼らが学級でパニックになるのは，自分が「どうしたらいいかわからない」状況にあるからである。

ポイント１　ほめる場面，認める場面をつくる

何を，どうやってがんばればいいのかがわかれば，彼らも力を発揮できる。離席する子には，「座っていなさい」と注意するより，「今の時間は座っていられたね」とほめる。「5分間座っていられたら，シールを貼ろう。君ががんばった証拠を，一緒に積み上げよう」と，約束の時間を少しずつ増やしていく。また，役割を与えて遂行できるように支援し，できたときにほめる。例えば，職員室に物や手紙を届ける，水栽培の水を取りかえるなど，その子どもができそうなことを見つけ，自己有用感を支えていくのである。

ポイント２　参加できる場面をつくる

発言したくて指名しなくてもしゃべる子には，「あと2人指したら，A君を指すよ」と言ったり，「まず，先生にだけ教えてよ」と教師の耳もとでささやかせたりして，順番を待つことを教える。「発言の機会を認めてくれた」という気持ちが，多動性や衝動性を抑えることにつながる。共同作業にも意図的に参加させたい。平均台など重い物を一緒に運ばせ，「一緒に運んでくれて助かったよ」と感謝の気持ちを伝える。自分の役割が見つかると，積極的にかかわる子に育っていく。クラブ活動や部活の中で，また学校行事で能力を発揮できる子も少なくない。得意とすることで自己実現を図る。この原理を体験させることは，彼らの生涯をも支えるのである。

ポイント３　周りの子の気持ちも大切に…

落ち着いて勉強したいのに，私だって先生に甘えたいのに，という感情が周りの子にたまっていく場合がある。時機をとらえ，周りの子から困っていること・我慢していることなどを聞き出し，危険なことや嫌な気持ちになることは，はっきりと先生に伝えて，クラス全体で解決できるようにしていくことを話す。そのうえで，その子も問題解決のためにがんばっていることを伝える。みんなで問題解決をし，何でも話し合えるクラスにしていこうと，メッセージを伝えるのである。

Column
子どもと教師の関係づくり

河村　茂雄

現代の子どもたちとの人間関係づくり

家庭や地域での幅広い人間関係の体験学習が不足気味の現代の子どもたちは，ある程度公的な，役割を伴った人間関係のもち方がわからないことが多くなってきた。その流れとして，教師との人間関係を，親子関係，友達関係の延長線上，私的な二者関係のレベルからとらえる傾向がある。私的な思いをストレートにぶつけてきたり，教師が「教師」という社会的役割から指示や指導をしても，従順に受け入れようとしなかったりする。

最初は，静かに教師の指示に従っていたとしても，徐々にそのような傾向がなくなり，反発や不服従的な行動や態度が，6月ごろからみられるようになってくる場合も少なくない。それは，4，5月までは素直に教師の指示を聞けていた子どもたちが，徐々に教師を“なめてきた”というよりも，4，5月は教師も含めて周りの友人たちの様子をうかがっていた子どもたちが，様子をうかがうために自分を出さずに受け身の状態でいた，という感じだったのである。

教師と子どもたち一人一人との親和的な二者関係が形成されていないなかで，教師と児童生徒という役割関係を前面に出しすぎると，子どもたちは抵抗感をもってしまい，教師に心を閉ざす。その結果が，教師との人間関係に距離をとる，教師の指導や指示を素直に聞くことができない，という態度や行動に現れるわけである。

二者関係の形成には段階がある

学級集団の育成の第一歩は，教師と一人一人の子どもとの二者関係づくりである。

二者関係の形成は，新学級で出会ってからの2か月がとても重要である。それは前述したように，子どもたちはだいたい2か月以内で，出会った相手に対して，自分なりのイメージを固定させる傾向があるからである。だから，学期始めに，教師に否定的なイメージをもってしまうと，そのイメージに1年間こだわって，教師にかかわってくるようになる。それが授業場面でも反映されるのである。

では，現代の子どもたちと，どのようにしたら良好な二者関係を形成することができるのだろうか。

まず，4，5月の段階で，子どもたちに教師の人間的魅力を伝えられるかが，ポイントである。それがうまくいくと，子どもたちは自ら教師に心を開いてくるようになる。

教師の人間的魅力とは，教師に対する親近感や，先生は自分を受け入れてくれるという被受容感である。同じようなもので，一緒にいると楽しい気分になれるという教師の明朗性にひかれる場合もある。さらに，あの先生はものすごくバレーがうまい，日本の地理をよく知っているなど，教師に対するある種のあこがれ（準拠性）にひかれる場合もある。

教師の人間的魅力は，子どもとのある程度のパーソナルな関係の中で伝わるものである。したがって，教師が自己開示を学級全体の中で行うことはとても重要であるが，同時に，一人一人の子どもとのほんのちょっとした個人的なかかわりの中でも行うことが，必要不可欠である。廊下で出会ったとき，休み時間の教室で，ほんの数分でいいのである。

名前を呼んであいさつするのが第一歩である。そこから，教師役割を少し離れて会話ができるといい。例えば，好きな歌の話でもいいし，スポーツの話でもいいだろう。また，子どもの話にゆっくり耳を傾けるのもいい。お互いのいろいろな面が，ほんの少しわかり合えることが大事なのである。このような小さなかかわりの積み重ねが，現代の子どもたちにはとても重要なのである。

一人の人間として子どものモデルになれるか

教師に安心感をもてるようになると，教師に甘えたり，自分だけの特別な対応を望んだりするようになる。自我の未熟な子どもは，そういう形で人間関係を確認するものである。ここが次の段階へのステップである。この段階で，子どもと同じレベルだけで対応していると，ふれあいがなれあいになってくる。その子ども個人との二者関係と，学級全体の中での関係にもギャップが出てきて，子どもも教師も葛藤してくるのである。

このとき，教師の専門性に基づく教え方のうまさ，熱意などの熟練性をもとにした教師役割の魅力を伝えることができると，子どもは教師を教師として信頼するようになる。

現代の子どもたちが感じる教師役割の魅力は，むずかしい内容をわかりやすく，興味がもてるように，楽しく教えてくれる対応にある。そのとき，その学習になぜ取り組むのかという意味を，その教師なりに語ることができるとよりすばらしい。どんなに教育技術の高い教師でも，こういう側面がないと，現代の子どもたちはその教師の教え方がうまいとは感じないので，注意が必要である。

教師の人間的魅力と教師役割の魅力を十分感じることができた子どもは，教師を一人の人間としてのモデルととらえるようになる。その結果，教師の指導や指示に，自ら耳を傾けようとするのである。また，教師と一人一人の子どもとの二者関係が背景にあると，子どもたちは精神的にも安定し，子ども同士の関係づくりも促進される。この段階で教師は，子ども同士の人間関係づくりを，積極的に展開していくことができるわけである。

Column

子どもに教えたいおすすめのスタディスキル

苅間澤勇人

学習スキルとは，人が効果的に学習しようとするときに用いるさまざまなやり方や技能である。学習スキルに注目するのは，どのようなスキルを用いるかによって，獲得される知識の量や質が違ってくるからである。学業成績の向上に影響する学習スキルには，三つの側面が考えられる。一つは，学習に取り組もうとする気持ちを含む情意的側面である。二つは，ものの覚え方・考え方である認知的側面であり，最後の一つは，教科書の使い方やノートの書き方などの技能的側面である。

1．学習への取組みに関する学習スキル

（1）具体的な目標を立てること。

小学生であれば「毎日，1時間ずつ勉強する」「毎日5ページずつ本を読む」といった手近な目標を立てることによって学習意欲が高まる。

（2）取り組みやすい教科，内容から始める。

机に向かったら，好きな教科や得意な教科から始める。また，同じ教科でも，学習しやすい内容から始める。そうすることで，途中で嫌になって投げ出すことがなくなる。

（3）学習の結果を知る。

自分がどのくらいできるようになったか，どのくらい学習したかを知ることが学習意欲を高める。自分で採点して，正解数や勉強時間を積み上げグラフで表すと意欲が出てくる。

（4）計画表の利用

学校では時間割が決まっており，それを教室の壁に貼り，子どもの目にとまりやすくしている。それには学習計画を示すことによって学習に向き合う姿勢を求めているという意味がある。したがって，家庭でも学習計画表を利用すると意欲が出てくる。また，学校行事の年間計画表の掲示や持ち物チェック表の利用も計画表と同じように効果がある。

2．ものの覚え方・考え方に関する学習スキル

記憶の仕方や思考の仕方のよしあしによって，学習の成果が違ってくる。できるだけ上手に覚えたり，考えたりすることが必要である。

（1）覚え方

①注意を集中して，覚えようとすること。

②丸暗記や詰め込みは避けて，よく理解しようとすること。

③得た情報に，自分なりの意味づけをすること。

④体系づけて，一定の原理によって分類すること。

⑤たわいのない内容であっても，図表に表してみること。

⑥目，耳，口，手などいろいろの感覚器を用いること。特に，声に出すこと。

⑦覚えたあとは，しばらく休むこと。そして，その後，時々復習すること。

（２）考え方

①問題をよく読み，問題の要点をはっきりさせること。

②過去の経験を思い出すこと。前に学習したことを応用すること。

③順序を立てて条件を整理すること。

④分析した条件を組み合わせて，解き方を工夫すること。

⑤１つの解き方にこだわらないこと。

⑥解けないときには，いろいろの角度から考えること。思考を柔軟にすること。

⑦解き方がわかったら，よく検討すること。

⑧解き方をまとめること。「この型の問題は，このように考える」という法則をつくる。

３．具体的な技術的な学習スキル

最近はマルチメディアを用いた授業が見られるが，教科書と黒板を使った授業がまだまだ中心であると思われる。つまり，読みと書きはいまだ重要なリテラシーである。

（１）教科書の使い方・読み方

①章や節，項だけを読む。挿絵などにも注目し，どんな内容が課題であるかを確認する。

②該当のページを通称“斜め読み”をして，ゴシック体などで強調されている部分を調べて，課題の到達目標を確認する。

③教科書を精読した後，必要に応じて部分的に深く読む。そして，理解できないときは辞書などの補助教材を参考にする。

④得た知識を自分の経験と関連づける作業を行い，情報に関する質問を作成する。

⑤得た情報の中から，自分に必要な情報を選び，ノートなどにまとめる作業をする。

（２）ノートの取り方

①話をよく聞いて，自分の言葉に直して書く。

②要点を選び，箇条書きにしたり，図や表で表したりする。

③色分けや下線をつける。　④余白をあけておき，後で補足する。　⑤読める字を書く。

引用・参考文献：辰野千寿『効果的な学び方・学ばせ方・改訂版』『学習意欲の高め方・改訂版』
『考える力の伸ばし方・改訂版』『学習スタイルを生かす先生』以上　図書文化，
『学習指導用語事典』教育出版，『教育工学事典』実教出版

あとがき

優れているといわれる指導案をまねしてやってみてもうまくいかず，自分にはできないとがっかりしたことはないだろうか。楽しい授業例を本で読んで，そのとおりやってみても，ぜんぜん子どもが乗ってこないと感じたことはないだろうか。かつて自分が成功した宝物のような指導案を本棚の奥から取り出し，それと同じように授業を展開しても，惨憺たる授業になってしまったという経験はないだろうか。

これらは，子どもの状況と教師の要求レベルや指導方法とのミスマッチから起こるものである。

学校教育においては授業が核になるとよく言われる。また，授業は生きているとも言われる。日々変わっていく子どもたち，学校教育への期待や要求……。それらをすべて受けとめ授業をつくっていく仕事を私たちはしなければならない。

河村茂雄は，「ちょっとした教師の働きかけの違いでも，それが１年間に及ぶと，大きな差となって現れる」とよく言う。話し方，座らせ方，表情の作り方などなど。ちょっとしたミスマッチが積もっていくと子どもにストレスを感じさせ，それが無気力やルールの逸脱，授業妨害となって現れ，授業が思うように成立しなくなってしまうのだ。

本書は，このちょっとした働きかけを意識して作ったものである。前にも述べたとおり，この本のとおりやっても実は100%うまくいくとは言いきれない。しかし，学級の状態をQ－Uをもとに，ある程度のパターンで理解し，その状態に具体的に対応する方法として，さらにアレンジして使っていただけたら幸いである。基本はルールの確立とリレーションの形成である。この２本柱を常に念頭に置き，児童の発達段階や担任の特性に応じて検討していただきたい。

本書は，今後の学校教育にとって新しい分野の開発であり提案であると考える。ゆえに編集は難航し，編集協力の品田笑子先生や図書文化社の東則孝氏，渡辺佐恵氏にはたいへんな苦労をしていただいた。また体調をくずしながらも執筆してくださった皆さんにも，この場を借りて深く感謝したい。

藤村一夫

編著者紹介

朝日　滋也	墨田区教育委員会指導主事	【コラム】
朝日　朋子	台東区立台東育英小学校教諭	【実践紹介】
浮ヶ谷優美	杉並区立浜田山小学校教諭	【実践紹介】
及川　哲子	盛岡市立見前小学校教諭	【第５章１・２節】
小川　暁美	盛岡市立見前小学校教諭	【第３章２節】
小野寺正己	盛岡市子ども科学館学芸指導主事	【第６章１・２・３・４節】
鎌田　直子	秋田市立上北手小学校教諭	【実践紹介】
苅間澤勇人	岩手県立雫石高等学校教諭	【コラム】
河村　茂雄	都留文科大学大学院教授	【編集，第１章，コラム】
木村　正男	岐阜大学教育学部附属小学校教諭	【実践紹介】
小泉　一純	三戸地方教育研究所指導主事	【実践紹介】
佐々木瑞穂	盛岡市子ども科学館学芸指導主事	【第３章３節】
佐藤　克彦	山形県教育庁庄内教育事務所指導主事	【実践紹介】
品田　笑子	江戸川区立第二松江小学校教諭	【編集協力，第４章１・２・３節，第５章３節・ワークシート】
高橋　由紀	川崎市立菅小学校教諭	【実践紹介】
仲手川　勉	平塚市立金田小学校教諭	【実践紹介】
西嶌佐江子	横浜市立南舞岡小学校教諭	【実践紹介】
藤村　一夫	盛岡市立見前小学校教諭	【編集，第２章１・２・３節，第３章１節，コラム】
別所　靖子	さいたま市立大砂土東小学校教諭	【実践紹介】
向井知恵子	中野区立大和小学校教諭	【実践紹介】
武蔵　由佳	都留文科大学文学部講師	【コラム】
村田巳智子	富山県婦中町教育センター指導主事	【実践紹介】
吉田　佳子	杉並区立杉並第三小学校教諭	【実践紹介】

以上，五十音順。2004年４月１日現在。

編集者紹介

河村茂雄　かわむら・しげお

都留文科大学大学院教授。博士（心理学）。筑波大学大学院教育研究科カウンセリング専攻修了。公立学校教諭・教育相談員を経験し，東京農工大学講師，岩手大学助教授を経て，現職。日本カウンセリング学会常任理事。日本教育心理学会理事。論理療法，構成的グループエンカウンター，ソーシャルスキルトレーニング，教師のリーダーシップと学級経営について研究を続ける。特に，児童生徒の心理社会的発達支援の重要な領域を担う学級経営の中に，教師の高い専門性が求められ，その専門性の認識と絶え間ない研鑽に裏打ちされた力量の高さが，教育の専門家として，教師が自他共に認められる道だと信ずる。「教育実践に生かせる研究，研究成果に基づく知見の発信」がモットー。著書：『教師のためのソーシャル・スキル』『教師力』上・下巻（誠信書房），『学級崩壊　予防・回復マニュアル』図書文化，他多数。

藤村一夫　ふじむら・かずお

岩手県出身。盛岡市立見前小学校教諭。NPO 日本教育カウンセラー協会認定学級経営スーパーバイザー，上級教育カウンセラー。学校心理士。岩手大学大学院教育研究科修了。河村茂雄に師事し，学級崩壊・不登校などを予防する学級経営を研究している。大学時代体育科で鍛えたタフな体で広い岩手を駆け回り，学級経営のスーパーバイズや構成的グループエンカウンター，児童理解について講師をしている。「2003年日本カウンセリング学会学校カウンセリング松原記念賞」受賞。『学級クライシス』(編著)，『ワークシートによる教室復帰エクササイズ』『グループ体験によるタイプ別学級育成プログラム』(共著）図書文化。

編集協力者紹介

品田笑子　しなだ・えみこ

江戸川区立第二松江小学校教諭。NPO 日本教育カウンセラー協会認定学級経営スーパーバイザー，上級教育カウンセラー。筑波大学大学院教育研究科修了。國分康孝先生・國分久子先生に手ほどきを受けた「育てるカウンセリング」を教育にどのくらい生かせるか，可能性を探ることが現在の目標。構成的グループエンカウンターの講師として東京近県を駆け回っている。『サインを発している学級』図書文化（共編），『エンカウンターで学級が変わる　小学校編１～３』図書文化，『人間関係に活かすカウンセリング』福村出版（以上，分担執筆）。

授業スキル 小学校編
学級集団に応じる授業の構成と展開

2004年 6 月10日　初版第 1 刷発行　　[検印省略]
2013年 6 月10日　初版第 8 刷発行

編　集　©河村茂雄・藤村一夫
発行人　村主典英
発行所　株式会社 **図書文化社**
〒112-0012　東京都文京区大塚1-4-15
Tel. 03-3943-2511　Fax. 03-3943-2519
振替　東京00160-7-67697
http://www.toshobunka.co.jp/

印刷所　株式会社 加藤文明社印刷所
製本所　株式会社 村上製本所

ISBN978-4-8100-4426-3　C3337

イラスト　鈴木真司
本文・装丁デザイン　株式会社加藤文明社印刷所

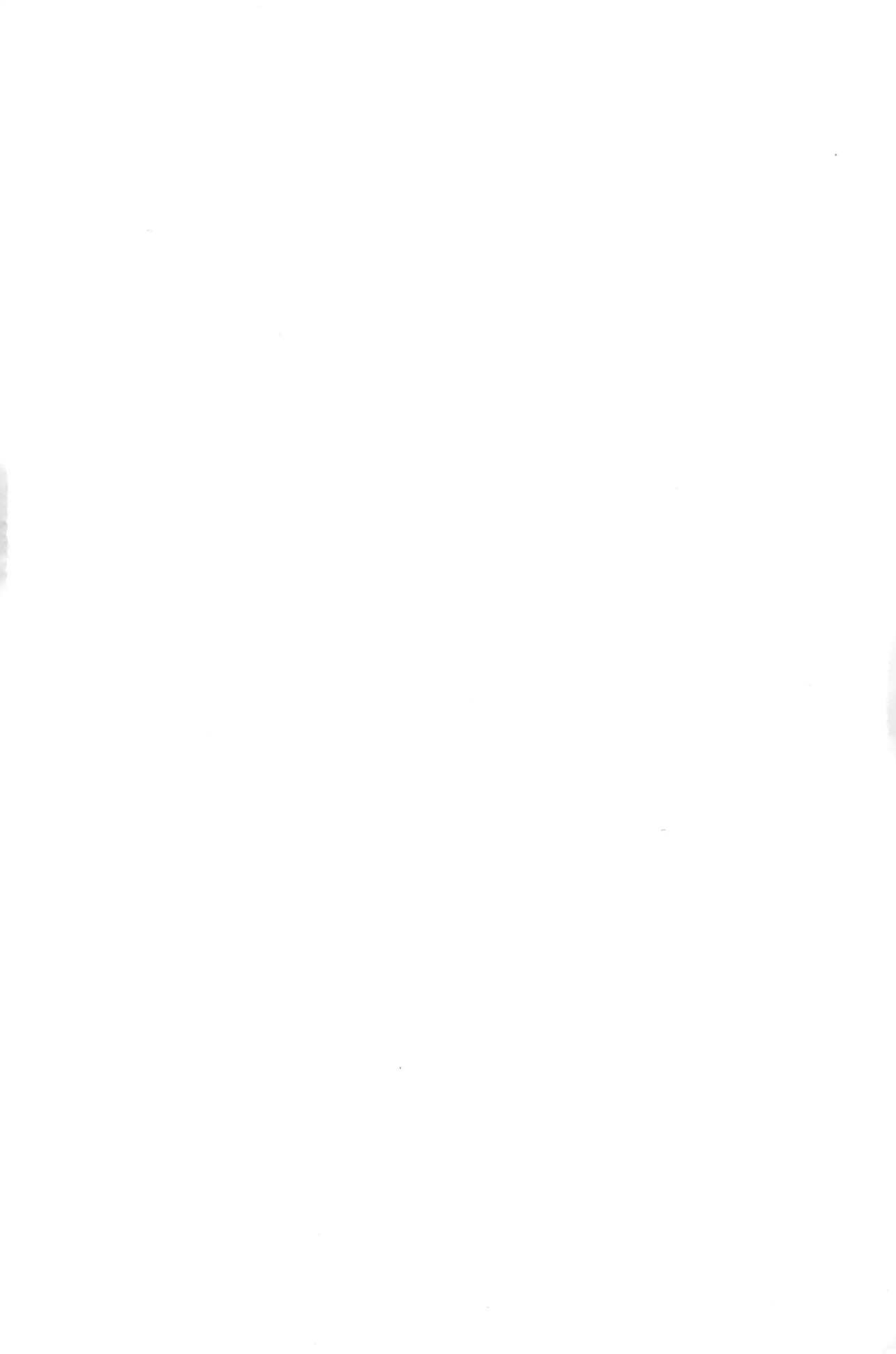